ITALIAN SHORT STORIES FOR BEGINNERS

8 UNCONVENTIONAL SHORT STORIES TO GROW YOUR VOCABULARY AND LEARN ITALIAN THE FUN WAY!

OLLY RICHARDS

Italian Short Stories for Beginners: *8 Unconventional Short Stories to Grow Your Vocabulary and Learn Italian the Fun Way!*

ISBN- 978-1522740834

ISBN- 152274083X

Free Masterclass:
How To Read Effectively In A Foreign Language

As a special thank you for investing in this book, I invite you to attend a FREE online workshop. You'll learn my advanced techniques for effective reading, so you can make the most of these stories.

To register for the workshop, simply visit:

http://iwillteachyoualanguage.com/readingmasterclass

Italian translation by
Annalisa Distefano

Books in this Series

Spanish Short Stories For Beginners
Spanish Short Stories For Beginners Volume 2
German Short Stories For Beginners
Italian Short Stories For Beginners
Italian Short Stories For Beginners Volume 2
Russian Short Stories For Beginners
French Short Stories For Beginners

English Short Stories For Intermediate Learners
Spanish Short Stories For Intermediate Learners
Italian Short Stories For Intermediate Learners

This title is also available as an audiobook

For more information visit:
http://iwillteachyoualanguage.com/amazon

Introduction

This book is a collection of eight unconventional and entertaining short stories in Italian. Written especially for beginners and low-intermediate learners, equivalent to A1-A2 on the Common European Framework of Reference (CEFR), they offer a rich and enjoyable way of improving your Italian and growing your vocabulary.

Reading is one of the most effective ways to improve your Italian, but it can be difficult to find suitable reading material. When you are just starting out, most books are too difficult to understand, contain vocabulary far above your level, and are so lengthy that you can soon find yourself getting overwhelmed and giving up.

If you recognise these problems then this book is for you. From science fiction and fantasy to crime and thrillers, there is something for everyone. As you dive into these eight unique and well-crafted tales, you will quickly forget that you are reading in a foreign language and find yourself engrossed in a captivating world of Italian.

The learning support features in the stories give you access to help when you need it. With English definitions of difficult words, regular recaps of the plot to help you follow along, and multiple-choice questions for you to check important details of the story, you will quickly absorb large amounts of natural Italian and find yourself improving at a fast pace.

Perhaps you are new to Italian and looking for an entertaining challenge. Or maybe you have been learning for a while and simply want to enjoy reading whilst growing your vocabulary. Either way, this book is the biggest step forward you will take in your Italian this year.

So sit back and relax. It's time to let your imagination run wild and be transported into a magical Italian world of fun, mystery, and intrigue!

Table of Contents

About the Stories

A sense of achievement and a feeling of progress are essential when reading in a foreign language. Without these, there is little motivation to keep reading. The stories in this book have been designed with this firmly in mind.

First and foremost, each story has been kept to a manageable length and broken down into short chapters. This gives you the satisfaction of being able to finish reading what you have begun, and come back the next day wanting more! It also reduces the extent to which you feel overwhelmed by how much you have left to learn when starting to learn Italian.

The linguistic content of the stories is as rich and as varied as possible, whilst remaining accessible for lower-level learners. Each story belongs to a different genre in order to keep you entertained, and there are plenty of dialogues throughout, giving you lots of useful spoken Italian words and phrases to learn. There is even a deliberate mix of tenses from one story to the next, so that you get exposure to common verbs in a mixture of past, present and future verb forms. This makes you a more versatile and confident user of Italian, able to understand a variety of situations without getting lost.

Many books for language learners include English translations for the entire story, known as parallel texts. Although these can be popular, parallel texts have the major disadvantage of providing an "easy option". Learners inevitably find themselves relying on the English translation and avoiding the "struggle" with the original Italian text that is necessary in order to improve. Consequently, instead of including a parallel text, *Italian Short Stories for Beginners* supports the reader with a number of learning aids that have been built directly into the stories.

Firstly, difficult words have been bolded and their definitions given in English at the end of each chapter. This avoids the need to consult a dictionary in the middle of the story, which is cumbersome and interrupts your reading. Secondly, there are regular summaries of the plot to help you follow the story and make sure you haven't missed anything important. Lastly, each chapter comes with its own set of comprehension questions to test your understanding of key events and encourage you to read in more detail.

Italian Short Stories for Beginners has been written to give you all the support you need, so that you can focus on the all-important tasks of reading, learning and having fun!

How to Read Effectively

Reading is a complex skill, and in our mother tongue we employ a variety of micro-skills to help us read. For example, we might *skim* a particular passage in order to understand the gist. Or we might *scan* through multiple pages of a train timetable looking for a particular time or place. If I lent you an Agatha Christie novel, you would breeze through the pages fairly quickly. On the other hand, if I gave you a contract to sign, you would likely read every word in great detail.

However, when it comes to reading in a foreign language, research suggests that we abandon most of these reading skills. Instead of using a mixture of micro-skils to help us understand a difficult text, we simply start at the beginning and try to understand every single word. Inevitably, we come across unknown or difficult words and quickly get frustrated with our lack of understanding.

Providing that you recognise this, however, you can adopt a few simple strategies that will help you turn frustration into opportunity and make the most of your reading experience!

* * *

You've picked up this book because you like the idea of learning Italian with short stories. But why? What are the benefits of learning Italian with stories, as opposed to with a textbook? Understanding this will help you determine your approach to reading.

One of the main benefits of reading stories is that you gain exposure to large amounts of natural Italian. This kind of reading for pleasure is commonly known as *extensive reading*. This is very different from how you might read Italian in a textbook. Your textbook contains short dialogues, which you read in detail with the aim of understanding every word. This is known as *intensive reading*.

To put it another way, while textbooks provide grammar rules and lists of vocabulary for you to learn, stories show you natural language *in use*. Both approaches have value and are an important part of a balanced approach to language learning. This book, however, provides opportunities for extensive reading. Read enough, and you'll quickly build up an innate understanding of how Italian works - very different from a theoretical understanding pieced together from rules and abstract examples (which is what you often get from textbooks).

Now, in order to take full advantage of the benefits of extensive reading, you have to actually read a large enough volume in the first place! Reading a couple of pages here and there may teach you a few new words, but won't be enough to make a real impact on the overall level of your Italian. With this in mind, here is the thought process that I recommend you have when approaching reading the short stories in this book, in order to learn the most from them:

1. Enjoyment and a sense of achievement when reading is vitally important because it keeps you coming back for more
2. The more you read, the more you learn
3. The best way to enjoy reading stories, and to feel that sense of achievement, is by reading the story from beginning to end

4. Consequently, reaching the end of a story is the most important thing... more important than understanding every word in it!

This brings us to the single most important point of this section: **You must accept that you won't understand everything you read in a story.**

This is completely normal and to be expected. The fact that you don't know a word or understand a sentence doesn't mean that you're "stupid" or "not good enough". It means you're engaged in the process of learning Italian, just like everybody else.

So what should you do when you don't understand a word? Here are a few ideas:

1. Look at the word and see if it is familiar in any way. If English is your mother tongue, there are often elements of Italian vocabulary that will be familiar to you. Take a guess - you might surprise yourself!
2. Re-read the sentence that contains the unknown word a number of times over. Using the context of that sentence, and the rest of the story, try to guess what the unknown word might mean. This takes practice, but is often easier than you think!
3. Make a note of the word in a notebook, and check the meaning later
4. Sometimes, you might find a verb that you know, conjugated in an unfamiliar way. For example:

> **parlare** - to speak

> **parleranno** - they will speak

parlassi - I would speak (subjunctive)

You may not be familiar with this particular verb form, or not understand why it is being used in this case, and that may frustrate you. But is it absolutely necessary for you to know this right now? Can you still understand the gist of what's going on? Usually, if you have managed to recognise the main verb, that is enough. Instead of getting frustrated, simply notice how the verb is being used, and then carry on reading!

5.   If all the other steps fail, or you simply "have to know" the meaning of a particular word, you can simply turn to the end of the chapter and look it up in the vocabulary list. However, this should be your last resort.

The previous four steps in this list are designed to do something very important: to train you to handle reading independently and without help. The more you can develop this skill, the better able you'll be to read. And, of course, the more you can read, the more you'll learn.

Remember that the purpose of reading is not to understand every word in the story, as you might be expected to in a textbook. The purpose of reading is to enjoy the story for what it is. Therefore if you don't understand a word, and you can't guess what the word means from the context, simply try to keep reading. Learning to be content with a certain amount of ambiguity whilst reading a foreign language is a powerful skill to have, because you become an independent and resilient learner.

The Six-Step Reading Process

1. Read the first chapter of the story all the way through. Your aim is simply to reach the end of the chapter. Therefore, do not stop to look up words and do not worry if there are things you do not understand. Simply try to follow the plot.

2. When you reach the end of the chapter, read the short summary of the plot to see if you have understood what has happened. If you find this too difficult, do not worry.

3. Go back and read the same chapter again. If you like, you can read in more detail than before, but otherwise simply read it through one more time.

4. At the end of the chapter, read the summary again, and then try to answer the comprehension questions to check your understanding of key events. If you do not get them all correct, do not worry.

5. By this point, you should start to have some understanding of the main events of the chapter. If you wish, continue to re-read the chapter, using the vocabulary list to check unknown words and phrases. You may need to do this a few times until you feel confident. This is normal, and with each reading you will gradually build your understanding.

6. Otherwise, you should feel free to move on to the next chapter and enjoy the rest of the story at your own pace, just as you would any other book.

At every stage of the process, there will inevitably be words and phrases you do not understand or cannot remember. Instead of worrying, try to focus instead on everything that you *have* understood, and congratulate yourself for everything you have done so far.

Most of the benefit you derive from this book will come from reading each story through from beginning to end. Only once you have completed a story in its entirety should you go back and begin the process of studying the language from the story in more depth.

Annessi ad ogni capitolo

- Riassunto
- Vocabolario
- Domande a risposta multipla
- Soluzioni

Appendices to each chapter

- Summary
- Vocabulary
- Multiple-choice questions
- Answers

RACCONTI

1. La Pizza Pazza

Capitolo 1 – L'aereo

–Daniel, vieni qui! – mi dice Julia dalla porta di casa.

–Che c'è, Julia? – le chiedo.

–Oggi partiamo per l'Italia. Lo sai, no?

–Certo che lo so! Sto preparando lo **zaino**.

Il mio nome è Daniel. Ho 24 anni. Julia è mia sorella e viviamo nella **stessa** casa a Londra. Lei ha 23 anni. I nostri genitori si chiamano Arthur e Clara. Ci stiamo preparando per il nostro **viaggio** in Italia. Siamo **studenti di intercambio**, stiamo imparando la lingua italiana e sappiamo già abbastanza.

Io sono alto, misuro 1 metro e 87, ho i capelli **castani** e un po' **lunghi**. Ho gli occhi verdi e una bocca **grande**. Il mio corpo è piuttosto tonico perché faccio molto sport. Le mie gambe sono lunghe e forti perché vado a correre ogni mattina.

Anche mia sorella Julia ha i capelli castani, però molto più lunghi dei miei. Lei non ha gli occhi verdi, ha gli occhi marroni **come** mio padre. Io ho lo stesso colore degli occhi di mia madre.

I miei genitori lavorano. Mio padre Arthur fa **l'elettricista** e lavora per un'**azienda** molto grande. Mia madre è un'imprenditrice ed è proprietaria di un'azienda che vende **libri** di **fantasia** e di **fantascienza**. Loro sanno l'italiano e ci parlano in italiano per **fare pratica**.

Mio padre mi guarda e vede che **non sono ancora vestito**.

–Daniel! Perché non ti vesti?

–Mi sono appena svegliato. Ho fatto la doccia 5 minuti fa e non sono ancora asciutto.

–Sbrigati. Devo andare a lavoro e ho poco tempo.

–Non ti preoccupare, papà. Adesso mi vesto.

–Tua sorella dov'è?

–È in camera sua.

Mio padre va nella camera di mia sorella per parlare con lei. Julia lo guarda.

–Ciao, papà. Ti serve qualcosa?

–Sì, Julia. Tuo fratello adesso si sta vestendo. **Voglio che prendiate questi.**

Mio padre le mostra una **mazzetta di banconote**. Julia è molto **sorpresa**.

–Questi sono un sacco di soldi! – dice.

–Tua madre ed io **abbiamo risparmiato** parecchi soldi. Vogliamo **darvi** una piccola parte per il viaggio in Italia.

–Grazie, papà. Vado a dirlo a Daniel.

Loro non sanno che sto ascoltando da dietro la porta. Finalmente mio padre mi vede.

–Oh, Daniel! Sei qui! Ti sei già vestito! Questi soldi sono per tutti e due.

–Grazie, papà. **Saranno molto utili**!

–Adesso vostra madre ed io vi accompagniamo all'aeroporto in macchina. Andiamo!

Pochi minuti dopo e dopo aver fatto colazione, usciamo di casa e andiamo verso l'aeroporto con la macchina di mia madre. Julia è molto **nervosa**.

–Julia, **tesoro**, – le dice mia madre. –Stai bene?

–Sono molto nervosa! – le risponde.

–Perché?

–Non conosco nessuno in Italia. Conosco solo Daniel!

–Non preoccuparti, di sicuro a Roma c'è un sacco di gente gentile e simpatica.

–Sì, mamma. Sono sicura di questo, però sono **ansiosa**.

All'aeroporto c'è una **coda** molto lunga. Ci sono molte persone provenienti da diverse parti dell'Inghilterra che stanno comprando il **biglietto**. Molti sono impiegati e **uomini d'affari**. Alcuni di loro stanno già salendo sull'aereo. Mi avvicino a Julia e le dico:

–Sei un po' più tranquilla?

–Sì, Daniel. In macchina ero molto tesa.

–Sì, questo è certo! Dai, andrà tutto bene! A Roma ho un amico molto gentile che aiuta gli studenti di intercambio come noi.

I nostri genitori ci abbracciano con **affetto** e ci salutano con la mano mentre noi saliamo sull'aereo.

–Vi vogliamo bene, ragazzi!

Questa è l'ultima cosa che abbiamo sentito. L'aereo decolla... direzione Roma.

Annesso al capitolo 1

Riassunto

Daniel e Julia sono due fratelli che vivono a Londra. Sono studenti di intercambio e vanno a fare un viaggio in Italia. Sanno l'italiano e lo praticano con i loro genitori. I genitori accompagnano i loro figli all'aeroporto. Julia è molto nervosa prima di prendere l'aereo, però alla fine si tranquillizza.

Vocabolario

- **lo zaino** = rucksack
- **la stessa/lo stesso** = the same
- **il viaggio** = travel, trip
- **gli studenti di intercambio** = exchange students
- **castani** = brown
- **lunghi** = long
- **grande** = big (in this case, *large mouth*)
- **come** = as well as
- **l'elettricista** = electrician
- **l'azienda** = company
- **i libri** = books
- **la fantasia** = fantasy
- **fantascienza** = science fiction
- **fare pratica** = to practise
- **non sono ancora vestito** = I'm not yet dressed
- **voglio che prendiate questi** = I want you to take this
- **mazzetta di banconote** = a wad of bills
- **sorpresa** = surprised
- **abbiamo risparmiato** = we've been saving (money)

- **darvi** = to give to you
- **saranno molto utili** = it will be very useful (money)
- **nervosa/o** = nervous
- **tesoro** = darling, dear, honey, love
- **ansiosa/o** = anxious
- **la coda (dell'aeroporto)** = queue
- **il biglietto** = ticket
- **gli uomini d'affari** = business people
- **affetto** = tenderness, affection

Domande a risposta multipla
Seleziona una sola risposta per ogni domanda

1. I fratelli Daniel e Julia vivono:
    a. Nella stessa casa a Londra
    b. In case diverse a Londra
    c. Vivono nella stessa casa a Roma
    d. Vivono in case diverse a Roma
2. I loro genitori:
    a. Sanno l'italiano però non lo parlano con i loro figli
    b. Parlano l'italiano e lo praticano con i loro figli
    c. Non parlano italiano
    d. Non si sa
3. Il padre, Arthur, dà loro un regalo per il viaggio. Che cos'è?
    a. Una macchina
    b. Un libro di fantasia
    c. Un libro di fantascienza
    d. Soldi
4. Nel tragitto verso l'aeroporto, Julia è:
    a. Triste
    b. Contenta
    c. Nervosa
    d. Spaventata
5. Nella coda in aeroporto:
    a. C'è molta gente giovane
    b. Ci sono molti uomini d'affari
    c. C'è davvero poca gente
    d. Ci sono molti bambini

Soluzioni capitolo 1

1. a
2. b
3. d
4. c
5. b

Capitolo 2 – Italia

L'aereo **atterra** a Roma e il mio amico ci aspetta all'**uscita** dell'aeroporto. Appena mi vede mi **abbraccia forte**.

–Ciao, Daniel! Che bello che tu sia qui!

–Ciao, Armando! **Sono felice di vederti!**

Il mio amico Armando guarda mia sorella Julia con **curiosità**.

–Armando, amico mio, **ti presento** mia sorella Julia.

Il mio amico si avvicina a Julia e la saluta.

–Ciao, Julia. **Piacere di conoscerti!**

Mia sorella è timida. È **sempre** timida quando conosce gente nuova.

–Ciao... Armando.

–Tua sorella è molto timida, o sbaglio? – dice Armando con una faccia **sorridente**.

–Sì, lo è, però è molto simpatica.

Poco dopo, prendiamo un taxi per andare al nostro nuovo **appartamento**. Il taxi dall'aeroporto al centro di Roma costa 28,50 €. È **giugno** e fa molto **caldo**. Il sole in Italia è sempre molto caldo, soprattutto nelle zone centro-meridionali.

Arriviamo a casa di Armando all'ora di pranzo. Lui ci aiuta con gli zaini. Io ho molta **fame**.

–Armando, abbiamo fame. Dove possiamo mangiare qualcosa?

–Ci sono due ristoranti qui **vicino**.

–Che piatti servono?

—Uno dei due ristoranti è una **trattoria** dove servono piatti tipici della regione, freschi e deliziosi; e l'altro è una pizzeria dove fanno delle pizze buonissime.

—Julia, ti va di mangiare una pizza? – chiedo a mia sorella.

– Certo, Daniel. Ho molta fame anch'io!

Il mio amico Armando rimane nell'appartamento e noi ci dirigiamo verso la pizzeria.

—Julia, che **autobus** porta in pizzeria?

—No lo so. Dobbiamo chiedere a qualcuno.

—**Guarda là**, il signore con la camicia bianca. Andiamo a chiedere a lui.

Il signore con la camicia bianca ci saluta.

—Buongiorno, ragazzi! **Come posso aiutarvi?**

—Come possiamo arrivare al ristorante "La Pizza Pazza"?

– È facile! Proprio qui davanti si ferma l'**autobus** numero 35. L'autobus arriva **direttamente** nella **strada** dove si trova "La Pizza Pazza", però c'è un problema...

—Che problema c'è?

—L'autobus **di solito** è molto pieno.

Julia ed io discutiamo sul fatto di prendere l'autobus per andare in pizzeria. **Lei sembra preoccupata**.

—Daniel, la pizzeria potrebbe andar bene, però magari possiamo mangiare alla trattoria di piatti tipici?

—**Ho un'idea**, Julia. Tu puoi prendere l'autobus che porta alla trattoria dove servono piatti tipici. Io prenderò l'autobus 35 per andare al ristorante "La Pizza Pazza".

—Perché vuoi fare così?

–**Perché così** possiamo confrontare i prezzi dei due posti.

–Va bene. **Ti chiamo col cellulare!**

Così prendo l'autobus che porta alla pizzeria. **Ho tanto sonno** e faccio un pisolino. Mi sveglio dopo un po' di tempo. L'autobus è fermo e sopra non c'è più nessuno, **ad eccezione** dell'autista.

–Mi scusi, – chiedo all'autista. –Dove siamo?

–Siamo arrivati a Napoli.

–Cosa? Siamo a Napoli? Oh, no! Com'è possibile?

Prendo il cellulare dalla **tasca** e provo a chiamare mia sorella. Accidenti! Il cellulare non ha **batteria**. Non posso **accenderlo**! Scendo dall'autobus. Sono a Napoli. Roma è molto lontana. **Non ci posso credere**! Mi sono addormentato sull'autobus e sono arrivato fino a Napoli! Adesso che faccio?

Cammino per le strade di Napoli. Cerco una **cabina telefonica**. Chiedo a una signora.

–Mi scusi, signora. Dove posso trovare una cabina telefonica?

–**Appena dietro l'angolo** ce n'è una, **giovanotto**.

–Grazie mille. Arrivederci.

–Di niente. Buon pomeriggio.

Sono le cinque del pomeriggio e mia sorella non sa dove sono. Scommetto che sarà molto preoccupata! Entro nella cabina telefonica. Oh, no! Non mi ricordo il numero di telefono di Julia! Che faccio adesso? Ho i soldi, però non ho il suo numero. Vado a cercare un ristorante. Ho molta fame. Adesso voglio mangiare, penserò dopo a cosa fare!

28

Entro in un ristorante **economico** e il cameriere mi si avvicina.

–Salve!

–Salve.

–**Cosa desidera**?

–Vorrei... una... pizza? – dico al cameriere sottovoce, dopo aver guardato il **menù**.

–Mi scusi? Ha detto una pizza? Non sono sicuro d'aver capito bene.

Comincio a **ridere** a voce alta e diverse persone nel ristorante mi guardano.

Dopo aver finito di mangiare, provo un po' di **vergogna**. Non avrei dovuto ridere così forte, però è troppo **divertente** quello che mi sta succedendo! Volevamo andare a mangiare una pizza ed eccomi... a mangiare una pizza... a Napoli! E mia sorella non sa dove sono. È davvero **ironico**! Dunque, che posso fare adesso? Non ricordo il numero di mia sorella a memoria... Ah, sì, lo so! Chiamerò a Londra!

Torno alla cabina telefonica e digito il numero di telefono della casa dei miei genitori a Londra. **Squilla** quattro volte e finalmente risponde mia madre.

–Ciao, tesoro! Come stai? Come va a Roma?

–Ciao, mamma. Ho un problema.

–Che succede, figlio mio? È successo qualcosa di grave?

–No, niente di grave, mamma. Per favore, chiama Julia e dille che sono a Napoli e che non ho batteria nel cellulare.

–A Napoli?! Che ci fai a Napoli?

–**È una lunga storia**, mamma.

Trovo un albergo, pago per una notte e vado nella mia stanza. Mi spoglio e mi infilo nel letto. **Spengo la luce** e mi metto a dormire. **Che giornata da matti**!

Riassunto

Daniel e Julia arrivano a Roma. Lì sono accolti da Armando, un amico di Daniel. Tutti insieme vanno in taxi nell'appartamento dove vive Armando. I due fratelli chiedono ad Armando dove poter mangiare, perché hanno fame. Ci sono due ristoranti nelle vicinanze. Dopo aver valutato le due opzioni i fratelli decidono di dividersi per poter confrontare i prezzi dei due ristoranti. Daniel si addormenta sull'autobus e si sveglia a Napoli. Non ha batteria nel telefono ed è costretto a passare la notte in un albergo.

Vocabolario

- **atterra** = (the plane) lands
- **l'uscita** = exit
- **mi abbraccia** = he/she hugs me
- **forte** = strength, strong (in this case, *he hugs me tightly*)
- **Sono felice di vederti!** = I'm happy to see you!
- **la curiosità** = curiosity
- **ti presento** = I introduce you...
- **Piacere di conoscerti!** = Nice to meet you!
- **sempre** = always
- **sorridente** = smiling
- **l'appartamento** = apartment
- **giugno** = June
- **caldo** = hot, warm
- **la fame** = hunger
- **vicino** = near, nearby

- **trattoria** = restaurant that serves traditional dishes, usually a family-run business
- **l'autobus** = bus
- **guarda là** = look there
- **Come posso aiutarvi?** = Can I help you?
- **direttamente** = directly
- **strada** = street
- **di solito** = usually
- **lei sembra preoccupata** = she seems worried
- **ho un'idea** = I have an idea
- **perché così** = because like that, in that way
- **Ti chiamo col cellulare!** = I'll call you with my mobile!
- **ho tanto sonno** = I'm very sleepy
- **ad eccezione** = except (for)
- **la tasca** = pocket
- **la batteria** = battery
- **accenderlo** = turn it on
- **non ci posso credere** = I can't believe it
- **cammino** = I walk
- **la cabina telefonica** = phone booth
- **appena dietro l'angolo** = just around the corner
- **il giovanotto** = boy, young man
- **economico** = inexpensive, convenient
- **Che desidera?** = What would you like?
- **il menù** = menu
- **ridere** = to laugh
- **la vergogna** = shame
- **divertente** = funny
- **ironico** = ironic
- **squilla** = it rings (sound)
- **è una lunga storia** = it's a long story
- **spengo la luce** = I switch off the light

- **Che giornata da matti!** = What a crazy day!

Domande a risposta multipla
Seleziona una sola risposta per ogni domanda

6. Armando è:
    a. Un impiegato dell'aeroporto
    b. Un amico dei genitori
    c. Un amico di Julia
    d. Un amico di Daniel
7. A Roma fa:
    a. Freddo
    b. Caldo
    c. Non fa né freddo né caldo
    d. Non si sa
8. Lasciato l'aeroporto si dirigono verso:
    a. Un ristorante
    b. L'appartamento di Armando
    c. L'appartamento di Daniel
    d. Napoli
9. Daniel non può chiamare sua sorella perché:
    a. Non sa il suo numero
    b. Non ha soldi
    c. Non trova una cabina telefonica
    d. Non ha il cellulare
10. Quella notte Daniel dorme:
    a. In un albergo a Roma
    b. Sull'autobus
    c. In un hotel a Napoli
    d. Non dorme

Soluzioni capitolo 2

6. d
7. b
8. b
9. a
10. c

Capitolo 3 – L'autostrada

Mi sveglio e faccio la doccia. Ordino la colazione per telefono e mangio con **calma**. Mi vesto, esco dalla stanza e guardo che ore sono in un **orologio** nel **corridoio**. Sono le 10:00 di mattina. Prima di lasciare l'albergo mi chiedo se mia madre abbia parlato con Julia. Mia sorella è una persona molto ansiosa. Spero che stia bene.

Una volta fuori dall'hotel, vedo degli **operai** caricare delle **casse** su un **camion**. Sul camion c'è un **disegno** con il nome di un ristorante. Ed ecco che ricomincio a ridere molto forte, come al ristorante. Però stavolta **me ne rendo conto** subito e smetto di ridere **per non farmi notare**. Il logo sul camion è del ristorante "La Pizza Pazza".

Mi avvicino a uno degli operai per parlare con lui.
–Ciao! – mi dice uno di loro.
–Buongiorno, signore! – gli rispondo.
–Posso aiutarti?
–Lei lavora per il ristorante di Roma?
–No, lavoro come **corriere**.
–Lei conosce la pizzeria?
–Sì, tutte le settimane gli **consegniamo** la mozzarella per la pizza, ma non lavoro lì.

Il corriere sale sul camion e io mi fermo a pensare. Come faccio a **tornare** a Roma? **Devo** trovare una **soluzione**. Devo tornare all'appartamento di Armando. Julia **mi starà aspettando**! Ho un'idea!
–Signore, mi scusi! – dico al corriere.
–Dimmi, ragazzo.
–Potrebbe darmi un passaggio fino a Roma?

–**Adesso**?
–Sì.

L'operaio è **titubante**, finché **finalmente** mi risponde.

–Va bene, puoi salire nel retro del camion, tra le casse di mozzarella. Però **non devi dirlo a nessuno.**

–Va bene, grazie mille!

–**Di niente**, ragazzo. **Veloce, dobbiamo già partire!**

Entro dal portellone posteriore e mi siedo tra le casse di mozzarella. Il corriere **avvia** il motore del camion e partiamo per Roma. Non vedo nulla. Sento solo il rumore del **motore** e delle macchine per **strada**. All'improvviso qualcosa si muove! Tra le casse di mozzarella c'è una **persona**.

–Chi è là? – chiedo.

Silenzio.

–C'è qualcuno?

Ancora silenzio. Però io lo so che c'è qualcuno tra le casse. Mi alzo a vado a vedere. Che sorpresa! È un uomo **anziano**!

–E lei chi è, signore?

–**Lasciami in pace**, ragazzo!

–Che ci fa qui?

–Vado a Roma.

–Il corriere lo sa che lei è qui?

–No, non lo sa. Sono salito sul camion mentre tu parlavi con lui.

Il corriere **ferma** il camion e scende. L'anziano mi guarda preoccupato.

–Perché s'è fermato?

–No lo so.

Si sente un **rumore** nel portellone posteriore del camion.

–**Devo nascondermi**! – dice l'uomo.

Il corriere entra nel camion e vede solo me. L'anziano signore è **nascosto** tra le casse.

–Che succede qui? – mi chiede.

–Niente.

–Con chi parlavi?

–Io? **Con nessuno**. Sono solo qui. Non lo vede?

–Non siamo ancora arrivati, ragazzo. **Non fare rumore**. Non voglio **problemi**.

–Capito!

Il corriere chiude il portellone posteriore del camion e torna al **volante**. In quel momento l'anziano signore esce dalle casse e mi guarda con una faccia **sorridente**.

–**Meno male**! Non mi ha visto! – dice.

–Signore, mi dica. Perché viaggia da Napoli a Roma?

–Vuoi saperlo?

–Sì, certo.

–Ti racconterò una breve **storia**.

–L'ascolto!

L'anziano signore mi racconta la sua storia:

–Io ho un figlio. Non lo conosco. Sono passati molti anni... io e la madre stavamo insieme, poi però me ne andai a lavorare in un altro **Paese**. **Solo poco tempo fa ho saputo** dove si trova mio figlio.

−A Roma?

−Proprio così.

−Quanti anni ha suo figlio, signore?

−Ha 24 anni.

−**La mia stessa età**!

L'anziano ride.

−**Che coincidenza**!

−Sì, lo è.

Dopo qualche minuto di silenzio, mi alzo per **stiracchiare le gambe** e chiedo all'uomo:

−Come si chiama suo figlio?

−Si chiama Armando. Ha un appartamento a Roma. Vive vicino alla pizzeria "La Pizza Pazza". Per questo motivo viaggio su questo camion.

Lo guardo **senza battere ciglio**. **Non potevo crederci**.

Annesso al capitolo 3

Riassunto

Daniel si sveglia in albergo. Quando esce dall'albergo, vede un camion con la scritta "La Pizza Pazza". Chiede al corriere del camion un passaggio per andare a Roma. Il corriere gli dice che può viaggiare nel retro del camion e lì dentro trova nascosto tra le casse un anziano signore. Lui va a Roma a cercare suo figlio.

Vocabolario

- **la calma** = tranquility, calm
- **l'orologio** = watch
- **il corridoio** = hallway
- **gli operai** = workers, employees
- **le casse** = boxes
- **il camion** = truck
- **il disegno** = drawing, illustration
- **me ne rendo conto** = I realise (something)
- **per non farmi notare** = not to be noticed
- **il corriere** = delivery man
- **consegniamo** = we deliver
- **tornare** = to come back, to return
- **la soluzione** = solution
- **devo** = I have to
- **mi sta aspettando** = he/she is waiting for me
- **adesso** = now
- **titubante** = hesitant, reluctant
- **finalmente** = finally

- **non devi dirlo a nessuno** = you must not tell anyone
- **Di niente** = you are welcome
- **veloce** = quick, fast (in this case, *hurry up*)
- **dobbiamo già partire** = we have to go now
- **avvia** = he/she starts (a vehicle)
- **il motore** = engine
- **la strada** = road
- **la persona** = person
- **il silenzio** = silence
- **anziano** = old man
- **lasciami in pace** = leave me alone
- **ferma** = he stops (the truck)
- **Devo nascondermi!** = I have to hide myself!
- **nascosto/a** = hidden
- **con nessuno** = with anyone, with no one (negative)
- **non fare rumore** = don't make any noise
- **i problemi** = problems
- **al volante** = behind the wheel
- **sorridente** = smiling
- **Meno male!** = Thank goodness!
- **la storia** = story
- **il Paese** = country
- **solo poco tempo fa** = only recently
- **ho saputo** = I found out
- **La mia stessa età!** = The same age as me!
- **Che coincidenza!** = What a coincidence!
- **stiracchiare le gambe** = to stretch my legs
- **senza battere ciglio** = without batting
- **Non potevo crederci!** = I couldn't believe it!

Domande a risposta multipla
Seleziona una sola risposta per ogni domanda

11. Quando Daniel guarda l'orologio sono:
    a. Le 10:15
    b. Le 10:00
    c. Le 11:00
    d. Le 12:15
12. Il corriere del camion:
    a. Lavora all'hotel
    b. Lavora al ristorante "La Pizza Pazza"
    c. Lavora solo come corriere
    d. Lavora per un altro ristorante
13. Dentro il camion Daniel incontra:
    a. Un uomo giovane
    b. Una donna giovane
    c. Un corriere
    d. Un uomo anziano
14. La persona viaggia nel camion perché:
    a. Vuole lavorare al ristorante "La Pizza Pazza"
    b. Vuole lavorare come corriere
    c. Va a visitare suo padre
    d. Va a visitare suo figlio
15. Il figlio dell'uomo si chiama:
    a. Daniel
    b. Armando
    c. Julia
    d. Clara

11. b
12. c
13. d
14. d
15. b

Capitolo 4 – Il ritorno

Il camion arriva a Roma. Il corriere spegne il motore e noi usciamo dal portellone posteriore. Mentre l'anziano si nasconde tra la **gente**, io **ringrazio** il corriere.

–Grazie per il passaggio.

–Di niente, giovanotto. Buona giornata!

Dico all'uomo anziano che andrò con lui all'appartamento del figlio. Non sa che conosco Armando e che lui è mio amico.

Camminiamo per un po' e ci troviamo davanti alla pizzeria "La Pizza Pazza". Entriamo per mangiare qualcosa ma non c'è nessuno. Sono le 5 del pomeriggio ed è ancora troppo **presto** per la **cena**.

Chiedo all'uomo:

–Che facciamo?

E lui mi risponde:

–Io non ho fame. Andiamo direttamente all'appartamento.

Armando è mio amico e so che non conosce suo padre. Mi ha parlato di suo padre, però **pochissime volte**. So che non si sono mai incontrati. Non so se dire all'uomo che conosco Armando. Meglio di no. Voglio che la sorpresa sia grande!

Arriviamo all'indirizzo ed entriamo dal **portone**. Lì la **portiera** ci saluta:

–Salve!

–Salve! – le rispondiamo.

Saliamo in ascensore, l'appartamento è **al terzo piano**. Andiamo verso la porta dell'appartamento.

–È qui! – dico all'anziano.

–Finalmente!

Suoniamo il campanello però non risponde nessuno.

–C'è nessuno? Armando?

Non risponde nessuno. A questo punto decido di confessare all'uomo che Armando è mio amico e che anche io vivo lì. L'uomo finalmente capisce perché avevo voluto accompagnarlo. Tiro fuori **la chiave che Armando mi aveva dato** e apro la porta.

L'uomo mi chiede:

–**Dove potrebbe essere?**

–No lo so.

Entro nell'appartamento di Armando e apro il mio zaino. Lì dentro c'era il caricabatterie del cellulare. **Metto il cellulare in carica** e finalmente posso chiamare mia sorella. Il telefono squilla tre volte e Julia risponde:

–Daniel! Finalmente! **Ero molto preoccupata**!

–Ciao, sorellina. Sto bene. Sono con una persona nell'appartamento di Armando.

–Una persona?

–Sì, è una lunga storia. Vieni a casa, Julia. Sai dov'è Armando?

–**Stiamo facendo una passeggiata** insieme. Veniamo subito.

–Vi aspettiamo qui.

Mezz'ora più tardi, Armando e Julia entrano nell'appartamento.

–Ciao Daniel! Lei chi è? – chiede Armando all'anziano signore.

Prima che lui risponda, io dico:

–Ciao, Armando. **Mi dispiace di** essere entrato a casa tua **senza permesso**, però è una questione importante.

–Che cosa succede?

–Armando... **questo è tuo padre**.

Armando rimane senza parole per un po'. Poi dice:

–Mio padre? Non è possibile!

L'anziano gli parla:

–Tu sei Armando?

–Sì, sono io. Non è possibile che lei sia mio padre!

–Mi chiamo Antonio Sotomonte. Sì, sono tuo padre.

Armando **si rende conto** che si tratta **veramente** di suo padre, gli si avvicina e lo abbraccia. Finalmente, **dopo così tanti anni**, si conoscono! Antonio è stato lontano **per tutta la vita** di Armando, però finalmente **ha potuto ritrovare** suo figlio.

–**Bisogna festeggiare**! – dice Armando.

–**Sono d'accordo**! – dice suo padre Antonio.

–Andiamo al ristorante "La Pizza Pazza"? – chiede Julia sorridendo.

–Io non voglio nessuna pizza! – rispondo. –Non voglio neppure sentire il nome di quella pizzeria! E non voglio prendere nessun autobus! Voglio un hamburger!

Tutti cominciano a ridere e poi pure io mi metto a ridere.

–Che settimana da pazzi!

Annesso al capitolo 4

Riassunto

L'uomo anziano e Daniel scendono dal camion e poco dopo trovano la pizzeria. Entrano per mangiare lì, però non c'è nessuno perché è ancora troppo presto per la cena. Decidono di andare all'appartamento di Armando e anche lì non c'è nessuno. Daniel confessa all'uomo che lui conosce Armando. Entrati nell'appartamento, Daniel ricarica il telefono e chiama sua sorella. Lei e Armando rientrano a casa. Armando per la prima volta conosce suo padre e decidono di festeggiare. Daniel, però, non vuole sentire parlare né di pizze, né di autobus e dice di volere un hamburger.

Vocabolario

- **la gente** = people
- **io ringrazio** = I thank (someone)
- **presto** = early, soon
- **la cena** = dinner
- **pochissime volte** = very rarely
- **il portone** = main door, front door
- **la portiera/il portiere** = receptionist, doorkeeper
- **saliamo in ascensore** = we take the lift
- **al terzo piano** = on the third floor
- **la chiave che Armando mi aveva dato** = the key Armando gave me
- **Dove potrebbe essere?** = Where could he be?
- **metto il cellulare in carica** = I put the mobile to charge

47

- **Ero molto preoccupata/o!** = I was so worried!
- **stiamo facendo una passeggiata** = we are having a walk
- **mi dispiace di** = I apologise for
- **senza permesso** = without permission
- **questo è tuo padre** = this is your father
- **si rende conto** = he/she realises
- **veramente** = truly, really
- **dopo così tanti anni** = after so many years
- **per tutta la vita** = throughout his life
- **ha potuto ritrovare** = he/she was able to find
- **Bisogna festeggiare!** = It should be celebrated!
- **Sono d'accordo!** = I agree!

Domande a risposta multipla
Seleziona una sola risposta per ogni domanda

16. L'uomo anziano e Daniel vanno prima:
    a. Nell'appartamento di Armando
    b. In una cabina telefonica
    c. Al ristorante "La Pizza Pazza"
    d. All'aeroporto
17. All'inizio nell'appartamento di Armando:
    a. Ci sono solo Julia e Armando
    b. C'è solo Julia
    c. C'è solo Armando
    d. Non c'è nessuno
18. Quando Daniel entra nell'appartamento di Armando:
    a. Ricarica la batteria del suo cellulare
    b. Prepara la cena
    c. Chiama Armando
    d. Chiama i suoi genitori
19. Daniel chiama:
    a. I suoi genitori
    b. Armando
    c. Julia
    d. Il corriere
20. Julia vuole andare:
    a. Al ristorante "La Pizza Pazza"
    b. Alla trattoria di piatti tipici
    c. A Londra
    d. A Napoli

16. c
17. d
18. a
19. c
20. a

2. La Creatura

Capitolo 1 – L'escursione

Silvia era una donna a cui piaceva **fare escursioni**. Ogni **fine settimana** preparava lo zaino, una bottiglia d'acqua, indossava **abbigliamento da montagna** e saliva sul **monte** Euria, in Emilia Romagna, nel nord-est d'Italia.

Si era messa d'accordo con il suo amico Giorgio per andare insieme il primo sabato del mese. Anche a Giorgio piaceva fare trekking e per questo andò **volentieri** con Silvia. Si incontrarono all'inizio del cammino:

–Silvia! Sono qui! – gridò Giorgio.
–Ti vedo!
–Vengo lì!
Silvia si fermò e aspettò Giorgio. Giorgio andò verso Silvia correndo.
–Giorgio, non correre tanto. **Ti stancherai**!
–Non ti preoccupare, ho una **bevanda energetica** per il cammino.

Euria è un monte molto famoso dell'Emilia Romagna, dove molti appassionati di montagna vanno a fare trekking o a correre. Alcune famiglie vanno lì in macchina per mangiare in mezzo alla natura, altri ci vanno a fare delle foto professionali e, in estate, c'è chi va lì in **campeggio**.

L'Emilia Romagna è una regione d'Italia con **pianure**, **colline** e montagne, quindi le temperature possono essere molto diverse. Di solito nella zona montuosa piove molto ed è **nuvoloso**. A giugno il clima è **mite**. Silvia e Giorgio ne approfittano per andare in questo periodo, quando le temperature sono **tiepide** e non c'è bisogno di portare la **giacca**.

–Giorgio, che sentiero prendiamo? Quello a sinistra o quello a destra?

–Io preferisco il sentiero di sinistra.

–Beh, io preferisco il sentiero di destra.

–Perché, Silvia?

–C'è una leggenda su quel sentiero. Sembra che ci sia una creatura grande e **pelosa** da quelle parti.

–Tu credi a queste storie?

–Potremmo andare di là allora!

–Va bene, Silvia. Andiamo a destra.

Un'ora più tardi, i due camminavano per un sentiero stretto, circondato da alberi e il sole si vedeva appena nel cielo.

Silvia chiese a Giorgio:

–Tu credi che ci siano creature **misteriose** nel bosco?

–Io non credo.

–Perché?

–Non ho mai visto nessuna creatura. Tu sì?

–Non in questo bosco...

Giorgio si chiese **a cosa si riferisse**, ma preferì non fare domande e proseguirono in silenzio.

Per alcuni chilometri i due amici camminarono in mezzo agli alberi, lungo piccoli sentieri. Il sole non si vedeva e i loro passi li condussero a un lago, dove lì vicino c'era anche una casa. La casa era di **legno** e sembrava molto antica.

–Guarda là, Giorgio!

–Dove?

–Là! C'è una casa di legno.

–Ah, sì! La vedo! Andiamo?

–E se c'è qualcuno?

–**Non aver paura**, Giorgio. Di sicuro non c'è nessuno!

I due andarono verso la casa e prima di entrare esplorarono il luogo.

Silvia disse:

–Questa casa sembra **sia stata costruita** tantissimo tempo fa.

–Sì, Silvia. Guarda in che stato sono le finestre e il legno con cui è costruita... Sono in un brutto stato. Vieni qui!

Si avvicinarono alla **sponda del lago,** dove le piccole **onde** facevano muovere una **barchetta**. La **barca** sembrava vecchia quanto la casa.

–Silvia, ci saliamo su?

–Per fare che?

–Possiamo andare in mezzo al lago. **Andiamo in esplorazione**!

–Va bene, andiamo!

Silvia e Giorgio salirono sulla barca e si tolsero gli zaini di dosso. Il legno della barca era così vecchio che sembrava quasi spaccato. C'erano due **remi**. Usarono i remi per arrivare al centro del lago.

Silvia disse:

–Come si sta bene qui, Giorgio!

–Sì, davvero! Possiamo vedere il sole perfettamente da qui.

–Sì... Vuoi **fare merenda**?

–Ottima idea! Che hai portato?

Silvia tirò fuori dal suo zaino diversi **dolci**, bevande energetiche e un panino.

–Che preferisci?

–Il panino sembra buono...

–Io non lo voglio, quindi questo è per te.

–Grazie!

Mangiarono con calma mentre la barca rimaneva al centro del lago. **All'improvviso**, sentirono un rumore provenire dalla casa:

–Hai sentito? – chiese Giorgio.

–Sì, l'ho sentito – rispose Silvia con una faccia spaventata.

–Credo che provenga dalla casa.

–Lo credo anch'io. Andiamo a vedere!

Giorgio e Silvia cominciarono a remare senza sosta finché arrivarono alla sponda. Si rimisero gli zaini in spalla e andarono in direzione della vecchia casa di legno.

–Giorgio, prima non ho detto nulla, ma io volevo entrare nella casa.

–Perché? Non siamo qui per fare trekking?

–Sì, però nei boschi ci sono tante cose **abbandonate** e a me piace **esplorare** tutto.

–Entriamo nella casa, allora!

Pochi passi e subito aprirono la porta della casa. La coppia entrò. All'interno era tutto **sporco** e abbandonato. Sembrava una casa dove non si viveva più da moltissimi anni. Adesso non c'era altro che **polvere**.

–Silvia, guarda queste.

–"Queste" cosa?

–Qui, accanto alla finestra.

Silvia guardò. A terra, nella polvere, c'erano delle **orme** molto grandi.

–Secondo te, di che cosa possono essere queste orme?

–Io credo che siano le orme di un **orso**! – disse Silvia.

–Di un orso? Non ci sono orsi da queste parti. Gli orsi più vicini si trovano a molti chilometri di distanza su altre montagne.

–Allora non so proprio cosa possano essere. Andiamocene da qui!

All'improvviso, si sentì un rumore in cucina e poco dopo videro una **figura** molto grande e pelosa uscire di corsa dalla porta **rompendo** tutta al passaggio. La creatura **grugniva** e correva molto veloce. I due rimasero immobili finché la creatura **si perse di vista** nel bosco.

Annesso al capitolo 1

Riassunto

Silvia e Giorgio vanno a fare un'escursione sul monte Euria. Portano sulle spalle degli zaini con bevande energetiche e roba da mangiare. Camminano per il bosco quando vedono una vecchia casa e un lago con una barca. Decidono di fare un giro in barca. All'improvviso sentono un rumore provenire dalla casa e vanno a vedere di cosa si tratta. Mentre stanno dando un'occhiata nella casa notano delle strane orme sulla polvere. Sentono un rumore in cucina e poco dopo vedono una creatura pelosa uscire di corsa e correre verso il bosco.

Vocabolario

- **la creatura** = creature
- **fare escursioni** = hiking, trekking
- **il fine settimana** = weekend
- **abbigliamento da montagna** = mountain clothing
- **monte** = mount
- **si era messa d'accordo** = she had agreed
- **volentieri** = gladly
- **ti stancherai** = you'll become tired
- **la bevanda energetica** = energy drink
- **il campeggio** = camping
- **pianure** = flatland, plains
- **colline** = hills
- **nuvoloso** = cloudy
- **mite** = mild (climate)
- **tiepide** = warm

56

- **la giacca** = jacket
- **pelosa** = furry, hairy
- **misteriose** = mysterious
- **a cosa si riferisse** = what he/she was referring to
- **il legno** = wood
- **non aver paura** = don't be afraid
- **sia stata costruita** = it had been built
- **la sponda del lago** = shore of the lake
- **le onde** = waves
- **la barchetta** = small boat
- **la barca** = boat
- **Andiamo in esplorazione!** = Let's explore!
- **i remi** = oars
- **fare merenda** = to have a snack
- **i dolci** = cakes, pastries
- **all'improvviso** = suddenly
- **abbandonate** = abandoned
- **esplorare** = to explore
- **lo sporco** = dirt
- **la polvere** = dust
- **le orme** = footprints
- **l'orso** = bear
- **la figura** = figure
- **rompendo** = breaking
- **grugniva** = it was growling
- **si perse di vista** = was no longer in sight

Domande a risposta multipla
Seleziona una sola risposta per ogni domanda

1. Silvia e Giorgio sono:
    a. Di Torino
    b. Dell'Emilia Romagna
    c. Della Toscana
    d. Siciliani
2. I due fanno un'escursione:
    a. Su un monte
    b. Su una spiaggia
    c. In un piccolo villaggio
    d. In città
3. Durante il cammino, incontrano:
    a. Un paesino
    b. Una città
    c. Una tenda
    d. Una casa
4. Quando vedono la barca nel lago:
    a. Ci si siedono sopra
    b. Ci si addormentano sopra
    c. La usano per scaldarsi
    d. La usano per arrivare al centro del lago
5. Quando sono dentro la casa, sentono un rumore che proviene:
    a. Dalla barca
    b. Dalla cucina
    c. Dal soggiorno
    d. Dal bosco

Soluzioni capitolo 1

1. b
2. a
3. d
4. d
5. b

Capitolo 2 – La ricerca

–L'hai visto, Silvia?

–Sì! Che cos'era quello?

–Non lo so! Però era un creatura molto grande e **brutta**!

–Giorgio, che facciamo adesso?

–Andiamogli dietro!

–La **inseguiamo**?

–**Certo**!

Giorgio e Silvia uscirono dalla vecchia casa di legno e seguirono le orme della creatura nel bosco.

–Ci sono molti alberi e molti sentieri… –disse Giorgio. – **Dobbiamo separarci**.

–Sei impazzito, Giorgio! Separarci? C'è un essere grande e brutto **in libertà** e non sappiamo nemmeno che cos'è!

–Lo so, Silvia. Però se riusciamo a **immortalarlo** per primi potremo diventeremo famosi.

–**E chi se ne importa?**

–Io voglio apparire in televisione!

–Che **sciocco** che sei **delle volte**, Giorgio!

Alla fine decisero di separarsi. Due ore dopo, Silvia e Giorgio erano ancora in giro per il bosco alla ricerca della creatura.

Silvia non credeva che quella creatura fosse reale. Pensava che fosse solo un **burlone travestito**.

Al contrario, Giorgio pensava che fosse reale: un tipo di animale che era **sopravvissuto** nei boschi e che non era mai stato immortalato prima.

Giorgio salì in cima alla montagna. Lassù c'era una **grotta**. Presto **si sarebbe fatto notte**. Entrò nella grotta, tirò fuori il cellulare dalla tasca e cominciò a fare un video. All'interno della grotta non c'era nessuno, però, all'improvviso sentì un **urlo**. Era la creatura e gli andava incontro.

Silvia non aveva **notizie di** Giorgio ormai da ore. Non sapeva dove fosse e non c'era **copertura** per il cellulare nel luogo dove si trovava. Tornò alla vecchia casa perché ormai era notte. C'era un vecchio letto e si sedette su di esso aspettando Giorgio. Tirò fuori dallo zaino un pezzo del panino e lo mangiò. Alla fine si addormentò.

Silvia si svegliò il giorno dopo e Giorgio non c'era ancora. **Cominciò a preoccuparsi sul serio**, quindi decise di uscire dalla casa e di lasciare il monte. Camminò per delle ore, scese per il sentiero da cui erano venuti il giorno prima e arrivò a vedere un **villaggio**.

Il villaggio era molto animato. Si vedevano intere famiglie uscire di casa, persone andare a lavoro, bambini **correre** e **giocare** mentre andavano a scuola e macchine per la strada. Quando fu abbastanza vicina, sentì persino il profumo del pane caldo per la **colazione**. Silvia entrò nel bar più vicino. C'erano tante persone che facevano colazione. Gente di tutte le età, famiglie intere, giovani e **anziani**. Non sapeva bene che dire, né cosa chiedere.

Si avvicinò al cameriere del bar e gli disse:
−Buongiorno!
−Buongiorno, signorina! **Cosa le porto**?
−Niente, grazie. Potrei usare il telefono del bar per favore?

–Certo, nessun problema. È su quella **parete** laggiù.

–Grazie!

–Desidera un caffè?

–No, la ringrazio.

Silvia si avvicinò al telefono sulla parete e digitò il numero di Giorgio. Pensò che magari era il suo cellulare a non funzionare, però no! Il telefono di Giorgio non diede alcun segnale. Si mise a pensare un attimo e decise di chiamare a casa di Giorgio.

Il telefono squillò una volta, due volte, tre volte... Perché non **rispondeva** nessuno?

Silvia non sapeva quello che stava succedendo. Di solito il fratello di Giorgio la mattina era a casa, perché lui lavorava da casa.

Chiamò una seconda volta però nessuno prese la cornetta.

Così Silvia uscì dal bar e si sedette su una **panchina**. Si mise a pensare ancora una volta. Era una donna molto intelligente che **non perdeva mai la calma** quando c'erano dei problemi. Al contrario, cercava sempre di trovare una soluzione.

Si alzò dalla panchina e decise di andare direttamente a casa di Giorgio. Pensò che, nel frattempo, forse lui sarebbe andato a casa. Fermò un taxi per strada e, durante il tragitto verso la casa di Giorgio, parlò un po' col tassista.

–Come ti chiami? – chiese il tassista.

–Mi chiamo Silvia.

–E che fai, Silvia? Vai a lavoro?

–No, vado a trovare un mio amico a casa sua.

–**Beata te**! Che invidia! Io devo lavorare tutto il giorno!

Silvia non disse altro. Il tassista era un uomo molto **simpatico** e **chiacchierone** però lei non aveva molta voglia di parlare. Voleva solo trovare Giorgio. Non pensava che ci fosse alcuna creatura strana nel bosco, però voleva sapere dove fosse il suo amico.

–Eccoci, Silvia. Sono 9,50 €.
–Prenda, **tenga il resto**.
–Grazie! Buona giornata!
–Anche a lei!

Silvia scese dal taxi e andò verso la casa di Giorgio. La casa era molto grande e bella, era **a due piani**, con giardino e garage privato. Si trovava in un **quartiere** molto elegante e tranquillo, con case grandi e negozi che vendevano frutta, pane e tutto il necessario. La macchina di Giorgio era parcheggiata davanti alla casa. Giorgio era dentro? Aveva chiamato la sua famiglia?

–Non capisco! Se Giorgio ha preso la macchina per tornare a casa sua, perché non mi ha mandato nessun messaggio sul cellulare?

Silvia suonò il **campanello** della porta tre volte, però nessuno rispose.

Preoccupata, andò a casa di due sue amiche: Claudia e Veronica. Neppure le sue due migliori amiche erano a casa e i loro cellulari erano spenti. Qualcosa di strano stava succedendo e non riusciva a capire cosa. Da quando avevano fatto l'incontro con quella **strana** creatura tutti i suoi amici erano spariti!

Decise che doveva scoprire che cosa fosse quella creatura. Non credeva che fosse una creatura, però la chiamava così. Assomigliava a un orso, forse a un **lupo** o a qualcosa di simile. Nella casa c'era poca luce e lei e Giorgio non avevano potuto vederlo bene.

Fermò un altro taxi e si fece lasciare all'inizio del sentiero per addentrarsi nel bosco e tornare al lago. Camminò per il sentiero per un po' e finalmente vide la vecchia casa di legno. Questa volta c'era qualcosa di diverso: c'era una luce all'interno della casa.

Annesso al capitolo 2

Riassunto

Silvia e Giorgio si separano e vanno a cercare la creatura del bosco. Si fa notte e Silvia torna alla casa di legno. Lo aspetta lì e si addormenta su un letto, ma al suo risveglio Giorgio non c'è ancora. Lo chiama più volte dal bar di un villaggio vicino, ma lui non risponde. Preoccupata decide di andare al suo paese e di cercarlo a casa sua. Lì non trova nessuno, allora Silvia chiama delle sue amiche, ma non le rispondono nemmeno loro. Sembrano essere spariti tutti. Si mette in testa di scoprire la verità sulla creatura misteriosa e torna alla casa sul lago per cercare di risolvere il mistero.

Vocabolario

- **brutto** = ugly
- **inseguiamo** = we pursue
- **Certo!** = Of course!
- **dobbiamo separarci** = we have to split
- **in libertà** = loose
- **immortalarlo** = record (on camera)
- **diventeremo famosi** = we'll be famous
- **E chi se ne importa?** = Who cares?
- **sciocco** = silly
- **delle volte** = sometimes
- **alla fine** = in the end, finally
- **il burlone** = joker, prankster
- **travestito** = dressed up, disguised
- **al contrario** = however
- **sopravvissuto** = survived

65

- **la grotta** = cave
- **si sarebbe fatto notte** = night would have arrived
- **l'urlo** = shriek
- **aveva notizie di** = had no news about
- **la copertura** = network coverage
- **cominciò a preoccuparsi sul serio** = began to worry more
- **villaggio** = village, small town
- **correre** = to run
- **giocare** = to play
- **la colazione** = breakfast
- **gli anziani** = elders
- **Cosa le porto?** = What could I bring you? (What would you like?)
- **la parete** = wall
- **rispondeva** = was picking up (phone), answering
- **la panchina** = bench
- **non perdeva mai la calma** = would never lose her calm
- **Beata te!** = Lucky you!
- **simpatico** = likeable, nice
- **chiacchierone** = chatty, talkative
- **tenga il resto** = keep the change (formal)
- **a due piani** = on two levels, with two floors
- **il quartiere** = neighbourhood
- **campanello** = door bell
- **strana** = strange
- **il lupo** = wolf

Domande a risposta multipla
Seleziona una sola risposta per ogni domanda

6. Silvia crede che la creatura:
    a. Sia reale
    b. Sia uno scherzo
    c. Sia Giorgio
    d. Che sia reale però non ne è sicura
7. Giorgio vede:
    a. Un edificio di pietra
    b. Un ponte
    c. Una macchina
    d. Una grotta
8. Silvia dorme:
    a. Nel bosco
    b. Sulla barca del lago
    c. Su un letto nella casa
    d. Al paese
9. Al risveglio Silvia:
    a. Va in un villaggio
    b. Va alla grotta
    c. Chiama i genitori di Giorgio
    d. Chiama i suoi genitori
10. Al ritorno al lago, Silvia vede:
    a. La casa bruciata
    b. Una luce nella casa
    c. La creatura nella casa
    d. Giorgio nella casa

6. b
7. d
8. c
9. a
10. b

Capitolo 3 – La sorpresa

–Luce nella casa! – disse Silvia. – Non ci posso credere!

Scese per il sentiero che portava al lago e lasciò il suo zaino sotto un albero. L'albero era molto grande e aveva tantissimi **rami** pieni di foglie.

Si avvicinò alla casa da dove proveniva una luce **tenue**. Non vedeva persone, solo una luce arancione. Fece il giro della casa per cercare di vedere chi ci fosse all'interno.

–C'è nessuno? – gridò. –Sono Silvia!

Non rispose nessuno, però si sentivano dei rumori dentro la casa.

Silvia si avvicinò alla porta e la aprì. Lì trovò qualcosa che non si aspettava.

C'erano tutti i suoi amici riuniti. La casa era piena di gente: c'era la sua famiglia e anche le sue amiche Claudia e Veronica.

–Silvia! – urlarono tutti insieme. –Sei qui!
–Ciao! – disse. –Che ci fate tutti qui?
–Adesso ti **spieghiamo** tutto. Siediti.

Silvia si sedette sul vecchio letto dove aveva dormito la notte precedente aspettando Giorgio.
–Che succede? – chiese Silvia.

Gli altri si sedettero **attorno** a lei, avevano delle facce **preoccupate**. Nessuno rispondeva.
–E papà dov'è? – chiese a sua madre.
–Sta lavorando, verrà più tardi.
–Qualcuno può dirmi quello che sta succedendo?

69

Sua madre si alzò e le raccontò tutto:

−Pensiamo che una creatura abbia catturato Giorgio nel bosco.

−Cosa? Come fate a sapere che abbiamo visto una creatura?

−Giorgio ha inviato un messaggio col cellulare.

Silvia ascoltava senza capire davvero e poi chiese:

−Perché siete tutti qui?

−Perché vogliamo andare a cercare Giorgio.

−Andate tutti a cercarlo?

−Sì, adesso andiamo.

Tutti presero gli zaini, alcune cose da mangiare, delle lanterne e uscirono per andare a cercare Giorgio.

Si divisero in gruppi di quattro persone e andarono in direzioni diverse.

Silvia si fermò un attimo al lago prima di andare. Si fermo lì a pensare.

−Non capisco... A Giorgio non piace fare escursioni da solo. E ha paura ad andare per il bosco di notte. Perché sono tutti qui poi? **Qui c'è qualcosa che non mi quadra**!

Quando si voltò per vedere dove fosse il suo gruppo, non c'era più nessuno.

−Dove sono adesso? Ehi! Qualcuno mi sente?

Silvia si addentrò nel bosco dove aveva visto Giorgio per l'ultima volta. Seguì il cammino e accese una **lanterna** che aveva tirato fuori dallo zaino.

−Dove siete tutti? C'è nessuno?

Non c'era nessuno, né la sua famiglia, né le sue amiche Claudia e Veronica.

−Non ci sto capendo più nulla!

Dopo alcune ore Silvia tornò alla casa del lago e si sedette sul vecchio letto. Aspettò per un po' però non vide arrivare nessuno. All'improvviso sentì un rumore in cucina.

Si alzò dal letto per andare a vedere cosa fosse. Non fece alcun rumore. Voleva sorprendere chiunque ci fosse in cucina. Forse erano le sue amiche... o sua madre!

Accese la lanterna e si trovò davanti la creatura. Un mostro grande, brutto e peloso.

Silvia gridò e uscì dalla casa correndo.

–Aiuto! Aiuto!

La creatura le correva dietro e la raggiunse. Silvia cadde per terra e **tirò dei calci** per difendersi. La creatura l'aveva afferrata per le gambe e Silvia non poteva liberarsi.

Silvia lottava contro di essa, quando all'improvviso la creatura si fermò e si alzò. Si fermò a guardarla mentre Silvia era ancora a terra.

–Cosa? Che succede?

Silvia era molto **nervosa**. Tutte le persone che prima erano nella casa uscirono dal bosco con le lanterne accese. Però avevano anche qualcos'altro nelle mani: delle **candele**.

In quel momento Silvia capì tutto.

La creatura si tolse la maschera... Era suo padre.

–Buon compleanno, tesoro!

–Tanti auguri, Silvia! – urlarono in coro.

Silvia non sapeva se gridare o ridere.

–Papà, eri tu la creatura? Sei sempre stato tu?

–Sì, figlia mia. Ero io.

–E Giorgio dov'è?

Giorgio arrivò in quel momento, non era **sporco,** né aveva alcuna **ferita**, ovviamente!

–Mi dispiace, Silvia. Abbiamo voluto farti uno scherzo, però ti faremo anche un bellissimo regalo.

–Che regalo?

Aiutarono Silvia ad alzarsi da terra e andarono davanti alla casa.

–I tuoi genitori ti hanno comprato questa vecchia casa e noi la **restaureremo**. Sarà la tua **casa di villeggiatura**.

Silvia scoppiò a ridere finalmente. Il gruppo si mise ad applaudire. Pensavano tutti che Silvia fosse una donna molto **coraggiosa**.

–Spero che non ci sarà nessun orso quando verremo a fare escursioni in futuro! – disse.

Annesso al capitolo 3

Riassunto

Silvia vede una luce nella casa del lago. Entra nella casa e all'interno trova la sua famiglia, i suoi amici e altre persone. Dicono di essere tutti lì per cercare Giorgio. Lui aveva mandato un messaggio per avvisarli di essere stato catturato dalla creatura. Si dividono in gruppi e partono alla ricerca di Giorgio. Silvia rimane da sola e si addentra nel bosco. Le sembra tutto troppo strano. Dopo alcune ore torna nella casa e ha un incontro con la creatura. Lotta con la creatura che però alla fine si rivela essere suo padre travestito. Era tutto uno scherzo per il suo compleanno. La casa sul lago è il loro regalo. La restaureranno e diventerà la casa dove trascorrere le vacanze.

Vocabolario

- **i rami** = branches
- **tenue** = faint
- **spieghiamo** = we explain
- **attorno** = around
- **preoccupate** = worried, concerned
- **qui c'è qualcosa che non mi quadra** = there is something wrong
- **la lanterna** = torch, lantern
- **tirò dei calci** = kicked
- **nervosa** = nervous
- **le candele** = candles
- **sporco** = dirty
- **la ferita** = wound

- **restaureremo** = we will restyle, we will refurbish
- **la casa di villeggiatura** = summer house, holiday house
- **coraggiosa** = brave

Domande a risposta multipla
Seleziona una sola risposta per ogni domanda

11. La prima volta che Silvia entra nella casa trova:
    a. Giorgio
    b. Suo padre
    c. Tutte le persone riunite
    d. La creatura

12. Le persone nella casa decidono:
    a. Di uscire a cercare Giorgio
    b. Di chiamare Giorgio per telefono
    c. Di cercarlo nel bosco
    d. Di tornare al villaggio

13. Quando Silvia si ferma a pensare vicino al lago:
    a. Vede qualcosa di strano nell'acqua
    b. Incontra suo padre
    c. Vede la creatura
    d. La lasciano sola

14. Al ritorno nella casa:
    a. Sente un rumore in cucina
    b. La chiamano per telefono
    c. Claudia e Veronica entrano nella casa
    d. Si addormenta

15. La creatura era:
    a. Sua madre
    b. Giorgio
    c. Suo padre
    d. Un orso

11. c
12. a
13. d
14. a
15. c

3. Il Cavaliere

Capitolo 1 – L'oro

C'era una volta un **regno** pieno di gente **esotica**, di animali e di creature fantastiche. Un **cavaliere** vestito di colore bianco e nero passeggiava per quel regno.

Giunto nella **piazza**, si fermò per comprare della frutta.

–Buongiorno, cavaliere! – gli disse un mercante che vendeva frutta.

–Salve!

–Desidera della **frutta**?

–Sì, grazie.

Il **fruttivendolo** gli diede delle mele e il cavaliere continuò a camminare per la piazza. La piazza era davvero grande, molto luminosa, con tanta gente e diversi prodotti da acquistare. Il cavaliere si avvicinò a un altro commerciante che vendeva diversi prodotti e gli fece delle domande:

–Salve, gentile **venditore**.

–Salve, cavaliere!

–Ha delle **pozioni**?

–Che tipo di pozioni?

–Pozioni di **forza**.

Il venditore cercò nelle sue **borse** e disse al cavaliere:

–Mi dispiace. Per il momento non ne ho, però posso **prepararle**.

−Quanto tempo le serve per preparare due pozioni di forza?

−Per **l'ora di pranzo** le avrà già qui.

−Grazie, gentile venditore, tornerò.

Il cavaliere passeggiava per la piazza e la gente lo guardava. Nessuno lo conosceva, eppure era un cavaliere **famoso**. Aveva lottato contro tanti **mostri** e strane creature. Viaggiava da un regno all'altro combattendo contro i **nemici** dei sovrani.

Arrivò all'entrata del **castello** del regno e lì due **guardie** lo bloccarono.

−Chi sei, straniero? – gli chiese una delle guardie.

−Mi chiamo Lars. Voglio vedere il re di questo regno.

−**Ho paura** che non sia possibile vedere il re. È occupato.

Lars **fece qualche passo indietro** e posò il suo sacco per terra. Il sacco conteneva molti oggetti inconsueti e delle **pergamene**. Il cavaliere tirò fuori dal sacco una vecchia pergamena e la diede alla guardia.

−Ho un invito per vedere il re Andur! – disse Lars.

La guardia controllò la pergamena. Sembrava **ufficiale**, c'era una **firma**.

−Va bene, – gli disse la guardia. −Puoi passare.

−Grazie.

Il cavaliere entrò per una grande porta di **pietra** e attraversò il **ponte** del castello. Il castello era molto grande, alto, con grandi **mura difensive**. Lars si trovò davanti a una seconda porta. Lì le guardie lo lasciarono passare e finalmente entrò nella **sala** del castello.

La sala era enorme ed era **abbondantemente decorata**. C'erano molte guardie e lo guardavano con **sospetto**. Non sapevano chi fosse e cosa ci facesse lì. Il re Andur scese dalla scalinata della sala. Era vestito completamente di rosso e portava una **corona** d'**oro**.

–Tu sei Lars? – gli chiese il re Andur.

–Sì, sono Lars.

–Che ci fai qui nel mio castello?

–Sono qui per parlare con voi.

–Seguimi nelle mie **stanze**.

Nelle stanze del re, Lars e Andur si sedettero. Lars bevve un **vino** che il re gli aveva offerto.

–Grazie per il vino, maestà! – gli disse.

–Ora dimmi, cavaliere. Che vuoi?

–Ho sentito che avete bisogno di aiuto.

–E cosa hai sentito di preciso?

–Che avete bisogno di qualcuno che porti un carico d'oro al regno di vostro fratello, però non c'è nessuno qui **di cui vi fidiate**. Beh, potete fidarvi di me!

Il re pensò per qualche istante alla proposta di Lars.

–Perché **dovrei** fidarmi di te, cavaliere?

–La gente si è sempre fidata di me e non ho mai **imbrogliato** nessuno.

–Si tratta di una grande quantità d'oro...

–Sì, è una grande quantità, però io non voglio altro oro. Ne ho già abbastanza. Ho vissuto molte **avventure** e ne ho guadagnato a sufficienza.

–Dunque, perché vuoi continuare con le **missioni**?

−Vado avanti con le missioni perché sono la mia vita. Mi piace viaggiare ed esplorare il mondo.

Dopo pochi minuti il re si decise:
−Va bene, Lars. Scendi la scalinata e dì alle mie guardie che andrai a portare il carico d'oro al regno di mio fratello.
−Vi sono molto grato, re Andur.
−**Non ringraziarmi per il momento**. Solo quando avrò notizie da mio fratello sarà finalmente tutto a posto.

Il cavaliere scese la scalinata e parlò con le guardie. Le guardie dissero;
−Lars! Sei tu, il famoso cavaliere? Abbiamo sentito parlare di te. Quindi porterai il carico d'oro?
−Sì, **consegnerò** l'oro al fratello del re.
−Capito! Ti aiuteremo. Vado a chiamare le altre due guardie.

Poco dopo un gruppo di tre guardie con **spade** e **scudi** uscirono fuori con il cavaliere.
La **strada** a nord conduceva direttamente al regno del fratello del re Andur. I **cavalli** e il carico erano pronti per iniziare il viaggio.
Il cavaliere disse:
−Aspettate un attimo. Devo prima passare dalla piazza.

Il cavaliere tornò dal gentile venditore.
−Salve! Ha le mie pozioni?
−Sì, eccole qui!
Il venditore gli diede le pozioni in mano e disse:
−Costano 3 **monete** d'oro.

Il cavaliere gli diede il denaro.

–Grazie, gentile venditore. **Le auguro una buona giornata!**

–Anche a lei! **Buona fortuna!**

Lars tornò dalle tre guardie, che lo stavano aspettando con il carico. I cavalli avevano mangiato ed era tutto pronto per la partenza.

Una delle guardie, di nome Alfred, gli chiese:

–Sei pronto, Lars?

–Sì, adesso è tutto a posto. Possiamo partire.

–Prima di andare voglio che tu sappia che noi siamo le migliori guardie del re. **Risolviamo** qualunque problema ci si presenti davanti... E se provi a **rubare** l'oro, ti ammazziamo.

–Wow! – disse Lars. –Quanta gentilezza!

–Non è una **minaccia**, cavaliere. È solo un'**avvertenza**.

–D'accordo, andiamo.

I cavalli cominciarono ad andare. I sacchi d'oro erano nella parte posteriore dei **carri** e Lars sorrise mentre il gruppo si avviava per il sentiero del bosco.

Annesso al capitolo 1

Riassunto

Il cavaliere Lars viaggia nel regno del re Andur. Nella piazza ordina due pozioni di forza da un venditore e poi va verso il castello. Parla con il re e chiede di poter portare il carico d'oro al regno del fratello del re. Il re acconsente. Tre guardie del re lo accompagnano nella missione. Usciti dal castello Lars va prima a prendere le pozioni che aveva ordinato e poi iniziano il viaggio.

Vocabolario

- **il regno** = kingdom
- **esotica** = exotic
- **il cavaliere** = knight
- **la piazza** = square, marketplace
- **la frutta** = fruit
- **il fruttivendolo** = fruit seller, fruit stand
- **venditore** = salesperson
- **le pozioni** = potions
- **la forza** = strength
- **le borse** = bags
- **prepararle** = prepare them
- **l'ora di pranzo** = lunch time
- **famoso** = famous
- **i mostri** = monsters
- **i nemici** = enemies
- **il castello** = castle
- **le guardie** = guards
- **ho paura** = I'm afraid

- **fece qualche passo indietro** = he went back a few steps
- **le pergamene** = scrolls
- **ufficiale** = official
- **la firma** = signature
- **la pietra** = stone
- **il ponte** = bridge
- **le mura difensive** = defensive walls
- **la sala** = hall
- **abbondantemente** = plenty
- **decorata** = decorated
- **sospetto** = suspicion
- **la corona** = crown
- **l'oro** = gold
- **le stanze** = rooms
- **il vino** = wine
- **di cui vi fidiate** = someone you could trust
- **dovrei** = I should
- **imbrogliato** = cheated
- **le avventure** = adventures
- **le missioni** = missions
- **non ringraziarmi per il momento** = don't thank me yet
- **consegnerò** = I will deliver, I will bring
- **le spade** = swords
- **gli scudi** = shields
- **la strada** = road
- **i cavalli** = horses
- **le monete** = pieces (money)
- **Le auguro una buona giornata!** = Have a nice day!
- **Buona fortuna!** = Good luck!
- **risolviamo** = we solve

- **rubare** = to steal
- **la minaccia** = threat
- **l'avvertenza** = warning
- **i carri** = carriages

Domande a risposta multipla
Seleziona una sola risposta per ogni domanda

1. Il cavaliere è vestito dei seguenti colori:
    a. Rosso e nero
    b. Bianco e nero
    c. Azzurro e nero
    d. Bianco e rosso
2. Il cavaliere compra:
    a. Una porzione di forza
    b. Due porzioni di forza
    c. Una pozione di mela
    d. Due pozioni di mela
3. All'entrata del castello, Lars:
    a. Parla con il re
    b. Parla con un gentile venditore
    c. Parla con il fratello del re
    d. Parla con le guardie
4. Il carico per il viaggio è composto da:
    a. Mele
    b. Pozioni
    c. Oro
    d. Guardie
5. Il viaggio ha come destinazione:
    a. Un regno sconosciuto
    b. Il regno del fratello di Andur
    c. Il bosco del regno
    d. La piazza del regno

Soluzioni capitolo 1

1. b
2. b
3. d
4. c
5. b

Capitolo 2 – Il bosco

Il cavaliere continuò il viaggio a cavallo e con lui c'erano le tre guardie.

Alfred, **una delle** guardie, gli chiese:

–Lars, sai quello che troveremo per il cammino?

–Sì, Alfred. Il percorso non è tranquillo. Ci sono molti **pericoli**. Cercheremo di non lottare contro le creature più **pericolose**.

–Creature pericolose? Tu sai **combattere**, Lars?

–Come ben sai, sono famoso per le **missioni** che ho compiuto. So combattere molto bene.

–Questo mi rende più tranquillo. Andiamo!

Il cavaliere Lars e le tre guardie **attraversarono** un grande ponte di pietra. Era **simile** al ponte del castello del re Andur.

–Alfred, – disse Lars. –Questo ponte è molto simile al ponte del castello.

–Sì, Lars. L'abbiamo costruito molto tempo fa.

–L'avete costruito voi?

–No, non noi, la **gente** del regno... È molto vecchio.

Dall'altra parte del ponte di pietra c'era un grande bosco. Il bosco aveva tantissimi alberi ed era molto **silenzioso**. Non si vedevano animali e non si sentiva alcun rumore.

–Perché è così silenzioso questo bosco? – chiese Alfred.

–Siamo nel Bosco Silenzioso. Qui non ci sono animali.

–Perché no?

–Tanto tempo fa qui ci fu una grande battaglia tra i due fratelli regnanti.

Alfred questo non lo sapeva. Pensava che il suo re, Andur, e il fratello **andassero d'accordo**.

–Ti sorprende, Alfred? – chiese Lars.

–Sì! – rispose.

–Perché?

–Pensavo che i due fratelli regnanti non avessero mai **litigato**.

–Beh, litigarono molto tempo fa.

Il Bosco Silenzioso era molto **buio** e la luce del sole si vedeva appena. Gli alberi erano davvero alti, con **rami** enormi.

–Sai dove stiamo andando, cavaliere? –chiese Alfred.

–Sì, il bosco è molto buio però so dove siamo.

–Sei stato qui altre volte?

Il cavaliere Lars sorrise e disse:

–Sì, sono già stato qui.

–Quando?

–Molti anni fa.

Lars ricordò gli anni in cui il re Andur e suo fratello litigarono. Una delle battaglie più grandi avvenne proprio nel bosco. Prima si chiamava il Bosco degli Animali. Dopo quella grande battaglia si chiamò il Bosco Silenzioso.

Lars disse:

–Quando io ero molto giovane, **ho combattuto per** il re Andur... Proprio qui ebbe luogo una grande **battaglia!**

–Per che cosa si combatteva?

–Fu il re Andur a cominciare al guerra.

–E perché combatteva contro suo fratello?

–Il re Andur voleva la **fonte** che si trovava nel bosco.

Andarono avanti per alcuni minuti senza dire nulla. Alfred pensava. Voleva sapere di più sulla grande battaglia. Voleva sapere che cosa era successo tanti anni fa. Aveva sempre creduto che il re Andur fosse un re **pacifista**, che non avesse mai lottato contro nessuno.

–Posso chiederti una cosa, cavaliere?

–Sì, quello che vuoi.

–Per quale fonte litigavano?

–Aspetta e vedrai.

Lars e Alfred rimasero in silenzio per un'ora. La luce del sole non era ancora visibile. C'erano solo alberi, un profondo silenzio e nient'altro. Finalmente, arrivarono a un lago.

–Siamo arrivati al lago! – disse il cavaliere.

–Che lago è questo?

–Molti anni fa questo lago era una fonte.

–La fonte di cui mi hai parlato prima?

–Sì.

Il gruppo delle tre guardie e il cavaliere si avvicinò all'acqua del lago. Lars raccontò la storia:

–Tempo fa questo lago era solo una fonte. C'era poca acqua, non ce n'era così tanta. E l'acqua era **magica**. L'acqua **donava dei poteri** a chi la beveva.

–Che tipo di poteri?

–La persona che beveva l'acqua si trasformava in una persona molto **potente**.

Alfred raccolse un po' d'acqua nelle mani e la bevve.

–Sembra acqua normale! – disse.

−Certo! − disse Lars. −Adesso è acqua normale. Anni fa, però, era magica…

Alfred si asciugò le mani e disse:
−E che succedeva quando l'acqua era magica?
−I due re combatterono per la poca acqua magica che c'era. Raccolsero tutta l'acqua esistente e i loro soldati la bevvero tutta. Adesso ne è rimasta solo un poco.
−E dove si trova questo poco d'acqua?
−Si è persa. Solo alcuni **mercanti** hanno ancora accesso a quel po' d'acqua magica. Su, andiamocene da questo bosco!

Il gruppo e i cavalli proseguirono nel loro cammino. All'uscita dal bosco il sole spuntò alto nel cielo. Gli alberi non erano più così alti e finalmente si vedeva il paesaggio.
−Siamo usciti dal Bosco Silenzioso! − disse Lars.
−Dove andiamo?
−Siamo quasi arrivati. **Abbiamo avuto fortuna!** Non abbiamo incontrato nessun mostro.

Alfred fece una faccia spaventata.
−Nel bosco c'erano dei mostri?
Lars rise.
−Sì, ce ne sono molti. Però abbiamo viaggiato di giorno. Di giorno non ci sono molte creature pericolose in giro. **Ce ne sono di più** la notte.
−Perché non l'hai detto prima?
−Non volevo **farvi preoccupare**.
−Va bene, andiamo.

Il gruppo proseguì per il cammino. Videro una **città** in lontananza. Quella città sembrava proprio il regno del fratello del re Andur. Le guardie non c'erano mai state lì.

90

–Quello è il regno? – chiese Alfred.

–Sì, quello è il regno. Laggiù è dove dobbiamo consegnare il carico d'oro.

–C'è una cosa che non ti ho ancora chiesto, cavaliere.

–Dimmi.

–Per che cos'è quest'oro?

–Il re Andur **perse** la battaglia nel Bosco Silenzioso. Da allora il vostro re deve **pagare ogni anno** una **quantità** d'oro a suo fratello.

–Perché deve dare a suo fratello l'oro? Non sono in **pace**?

–Sono in pace. Però suo fratello ha una cosa che il re Andur non possiede.

–Che cos'ha?

–L'acqua magica. E io qui ho due pozioni **preparate** con quell'acqua.

Lars tirò fuori le pozioni che aveva acquistato dal venditore prima della missione e le fece vedere alle guardie.

Annesso al capitolo 2

Riassunto

Il cavaliere e le guardie del re Andur viaggiano fuori dal regno. Durante il cammino il cavaliere Lars gli racconta una storia: il re Andur aveva combattuto contro suo fratello per conquistare una fonte magica. La battaglia era avvenuta nel Bosco Silenzioso. Il fratello di Andur aveva vinto la guerra e adesso possiede l'acqua magica. Quest'acqua dona molta forza a chi la beve. Andur deve pagare ogni anno il suo debito di guerra con l'oro.

Vocabolario

- **il bosco** = forest
- **una delle** = one of the
- **i pericoli** = dangers
- **pericolose** = dangerous
- **combattere** = to fight
- **le missioni** = missions
- **attraversarono** = they crossed
- **simile** = similar
- **la gente** = people
- **silenzioso** = quiet, silent
- **andassero d'accordo** = they would get along well
- **litigato** = fought, argued
- **buio** = dark
- **i rami** = branches
- **ho combattuto per** = I fought for
- **la battaglia** = battle
- **la fonte** = source, spring

- **pacifista** = pacifist
- **magica** = magic
- **donava dei poteri** = gave special powers
- **potente** = powerful
- **i mercanti** = merchants
- **Abbiamo avuto fortuna!** = We were lucky!
- **ce ne sono di più** = there are more
- **la notte** = night
- **farvi preoccupare** = to make you worry
- **la città** = city
- **perse** = he/she lost
- **pagare ogni anno** = pay each year
- **la quantità** = quantity
- **la pace** = peace
- **preparate** = made

Domande a risposta multipla
Seleziona una sola risposta per ogni domanda

6. Il cavaliere Lars:
    a. Conosce il cammino
    b. Non conosce il cammino
    c. Chiede la strada a un passante
    d. Ha una mappa
7. Il gruppo in viaggio è formato da:
    a. Tre guardie e Lars
    b. Due guardie e Lars
    c. Una guardia e Lars
    d. Lars e il suo cane
8. Nel Bosco Silenzioso:
    a. Non accadde mai nulla
    b. Avvenne una battaglia tra i due fratelli
    c. Ci fu una guerra sconosciuta
    d. Si combatterono molte battaglie
9. La fonte del Bosco Silenzioso:
    a. Esiste ancora
    b. Non è mai esistita
    c. Adesso è un lago
    d. Adesso è un pozzo
10. All'uscita del Bosco Silenzioso:
    a. C'è un altro bosco
    b. C'è il mare
    c. Ritornano al regno del re Andur
    d. Vedono il regno del fratello del re Andur

6. a
7. a
8. b
9. c
10. d

Capitolo 3 – Il segreto

Il cavaliere Lars rimise a posto le pozioni.
Alfred disse:
–Stiamo entrando nel regno del fratello del re Andur.
–Sì, Alfred. Siamo nel regno di Arthuren.
–Da dove entriamo?
–Dalla **porta principale**.

I cavalli continuarono sul sentiero e scesero per un **pendio** spettacolare, pieno di erba, **alberi primaverili** e **ruscelli** rigogliosi d'acqua. C'erano anche tanti **contadini** che lavoravano nei campi.

I contadini vivevano al di fuori delle mura difensive del regno. **Coltivavano** la **terra** e **raccoglievano** i frutti per alimentare la gente che viveva dentro le mura.

Uno dei contadini si fermò quando vide che il gruppo si stava avvicinando sul sentiero.
–Buongiorno, signori! – disse.
–Salve, **nobile** contadino! – gli rispose il cavaliere Lars.
–**Dove vi state dirigendo**?
–Ci dirigiamo **all'interno**, all'interno delle mura del regno.

La moglie del contadino si avvicinò e chiese a suo marito.
–Chi sono questi uomini?

Il marito non rispose perché non sapeva la risposta. Allora la donna lo chiese **direttamente** a Lars:

–Chi siete? Vedo che avete un carico con voi.

–Veniamo in missione per conto del re Andur.

I contadini smisero di parlare per qualche secondo. Dopo di che il contadino disse:

–Spero che non accadrà nulla di **grave**!

–**Tranquillo**, – gli disse Alfred con un sorriso. –Va tutto bene.

–Ne sono contento. Passate!

Il gruppo continuò attraversando i campi dei contadini e Alfred disse al cavaliere:

–**Sembrava che** avessero **paura** o che fossero **preoccupati**.

–E lo erano!

–Perché?

–Perché c'è un segreto che il re Andur non conosce. Lo conosce solo la gente di questo regno.

–E qual è questo segreto? Esiste un pericolo?

Lars non rispose nulla e proseguirono il cammino finché si trovarono davanti a un grande ponte di pietra, simile a quello del regno di Andur.

Sul ponte c'erano due guardie. Una guardia si avvicinò e chiese ad Alfred:

–Vieni **da parte** del re Andur?

–Sì. Questo cavaliere **ci ha protetto** durante il viaggio e le altre due guardie **sono con me**.

–Va bene. Si tratta del carico di ogni anno?

–Esatto. È il carico di ogni anno.

La guardia di Arthuren **fece un gesto** all'altra guardia che aprì la porta e lasciò entrare il gruppo.

Lars e le guardie si trovarono in una piazza. C'era molta gente: tanti mercanti, contadini che rientravano dal lavoro, numerose guardie...

Fecero un giro per la piazza e Alfred rimase molto sorpreso:
–Questo luogo **mi sembra così familiare!**
–Assomiglia alla piazza del regno del re Andur.
–Sì, è quasi **identica.**

Alfred parlò con la gente del posto, con i mercanti, i contadini e le guardie, e infine disse a Lars:
–Tutta la gente di qui sembra molto **gentile.**
–Tanto tempo fa i due regni erano **uniti** –disse Lars.

Anche il castello era molto simile a quello del re Andur. Una volta entrati, le guardie di Arthuren condussero i cavalli con il carico in un altro luogo, per **scaricare** l'oro. Lars e Alfred andarono a incontrare il re. Il re disse loro:
–Benvenuti nel mio regno!
–Salve, **maestà.**
–Sei tu, Lars! Mi fa piacere vederti!
–Anch'io sono felice di vedervi, maestà.

Alfred non capiva niente. Perché si conoscevano?

–Hai portato tutto l'oro, Lars?
–Sì, è già vostro.
–Eccellente! Allora possiamo dare inizio al nostro **piano.**

–Che piano? – chiese Alfred spaventato.

Lars tirò fuori le due pozioni di forza, le pozioni che aveva comprato dal venditore prima di iniziare la missione.

–Che succede qui? – chiese Alfred.

–Dobbiamo dirti qualcosa, Alfred.

–Che cosa?

Alfred, spaventato, si allontanò da loro di qualche passo. Come facevano a conoscersi il re e il cavaliere Lars? Perché Lars aveva tirato fuori le pozioni di forza per darle al re? Lars si avvicinò ad Alfred e gli disse:

–Alfred, l'acqua magica di questo regno si è **esaurita** da molto tempo.

–E il re Andur lo sa?

–No, lui non lo sa.

–E perché consegni le pozioni di forza a questo re?

–Sono le ultime pozioni di forza, le ultime preparate con acqua magica.

–E come le userai?

–Ne **prepareremo** molte altre.

Alfred **si sentì tradito**.

–**Mi hai mentito!** – disse.

–Ti ho mentito... Però ti ho mentito solo per potere **mantenere la pace**.

–Come si farà a mantenere la pace tra i due fratelli regnanti? Il segreto non si conosce ancora... Però qualcuno vicino al re Andur **potrebbe scoprirlo** e dirgli tutto.

Il cavaliere Lars era molto serio.

−Alfred, se il re Andur venisse a sapere che non c'è più acqua magica, la pace si romperebbe. Il re Andur attaccherebbe Arthuren e tutto finirebbe.

−Per questo hai bisogno di fabbricare altre pozioni?

−Sì, solo perché si mantenga la pace.

Alfred non era d'accordo.

−E il mio regno continuerà a pagare oro ogni anno solo per paura?

Lars gli rispose:

−Questo non **dipende da** me, Alfred.

−Mi dispiace che le cose stiano così! – disse Alfred. – Maestà, Lars, devo andare.

Quando Alfred stava per **lasciare** il regno, Lars **si rivolse a lui** per l'ultima volta:

−Dì pure al tuo re, al re Andur, il segreto.

−Perché dici questo?

−Perché il mercante che mi ha venduto le ultime due pozioni **lavora per lui**. Nel suo regno c'è acqua magica.

−Scoppierà una guerra?

−Non possiamo saperlo, però faremo il possibile affinché non si scateni alcuna guerra.

−Allora adesso vado a dirglielo... **Alla prossima**, cavaliere!

Annesso al capitolo 3

Riassunto

Arrivati nel regno di Arthuren, il gruppo parla con dei contadini che stanno lavorando la terra. Poi Lars e le guardie entrano nella piazza del regno. La piazza del regno di Arthuren è simile a quella del regno del re Andur. Alfred e Lars parlano con il re Arthuren e il cavaliere consegna al re le due pozioni di forza che aveva acquistato. Lars rivela ad Alfred un segreto: Arthuren non possedeva più acqua magica e per questo avrebbero usato le due pozioni per prepararne altre. Se il re Andur lo avesse saputo, allora sarebbe potuta scoppiare una guerra...

Vocabolario

- **la porta principale** = main door
- **il pendio** = hillside, slope
- **alberi primaverili** = spring trees
- **i ruscelli** = stream
- **i contadini** = farmers
- **coltivavano** = they cultivated
- **la terra** = land
- **raccoglievano** = they picked up
- **nobile** = courteous (formal)
- **Dove vi state dirigendo?** = Where are you going?
- **all'interno** = inside
- **direttamente** = directly
- **grave** = serious, grave
- **Tranquillo** = don't worry
- **sembrava che** = it seemed that

- **la paura** = fear
- **preoccupati** = worried
- **da parte** = on behalf of
- **ci ha protetti** = he has protected us
- **sono con me** = they are with me
- **fece un gesto** = made a gesture
- **mi sembra così familiare** = it looks so familiar
- **identica** = identical
- **gentile** = friendly
- **uniti** = united
- **scaricare** = download
- **maestà** = His/Her Majesty
- **il piano** = plan
- **esaurita** = finished
- **prepareremo** = we're going to make/prepare
- **si sentì tradito** = he felt betrayed
- **Mi hai mentito!** = You've lied to me!
- **mantenere la pace** = to maintain peace
- **potrebbe scoprirlo** = he could find out
- **dipende da** = up to (somebody), depends on
- **lasciare** = to leave
- **si rivolse a lui** = reached him
- **lavora per lui** = he/she works for him
- **alla prossima** = until we meet again

Domande a risposta multipla
Seleziona una sola risposta per ogni domanda

11. La prima persona del regno che parla con loro è:
    a. Il re
    b. La regina
    c. Un contadino
    d. Una contadina

12. La piazza del regno di Arthuren:
    a. Non assomiglia a quella del regno di Andur
    b. È simile a quella del regno di Andur
    c. Non hanno visitato la piazza del regno
    d. Non si sa

13. Lars e il re Arthuren:
    a. Litigano
    b. Non si conoscono
    c. Si conoscono
    d. Contano l'oro

14. Lars tira fuori:
    a. Una spada
    b. 1 pozione di forza
    c. 2 pozioni di forza
    d. Tutti gli oggetti sopra

15. Il segreto era:
    a. Il regno di Arthuren non ha più acqua magica
    b. Andur attaccherà Arthuren
    c. Lars è il re Arthuren
    d. L'oro è falso

11. c
12. b
13. c
14. c
15. a

4. L'orologio

<u>Capitolo 1 – Leggenda</u>

Carlo era un **orologiaio**. Era un uomo che lavorava tante ore al giorno. Aveva una **propria bottega** a Venezia, in Italia. Lavorava giorno e notte. **Riparava orologi** rotti, ne costruiva di nuovi e inoltre eseguiva altre commissioni speciali.

Era un uomo di mezza età e non era **sposato**. I suoi genitori vivevano in Svizzera. Lui viveva da solo in una piccola casa in una delle tante **calle** di Venezia. Era un uomo magro e alto, però molto forte.

Carlo amava passeggiare sulle spiagge di Venezia. Molte notti le passava a lavorare e ogni tanto, per riposarsi, faceva delle lunghe passeggiate. Usciva dalla sua bottega e camminava per **sgranchirsi un po' le gambe**.

Una notte, mentre passeggiava, incontrò **una vecchia amica**. Si chiamava Susanna.
–Carlo! Come stai?
–Ciao, Susanna. Che fai in spiaggia **a quest'ora**?
–Sto facendo una passeggiata, come te.
–Che bello incontrarti!

Carlo e Susanna camminarono a lungo e parlarono di tante cose. Parlarono del loro lavoro, della famiglia, del **Paese** e di altri argomenti in generale.

Susanna gli chiese:

−Come va il tuo lavoro? Lavori molto?

−Sì, ho tanto lavoro, ma i miei **clienti** sono molto **soddisfatti**.

−Mi fa piacere, Carlo.

Susanna lavorava al **porto** e il suo **turno** era **di notte**. Lei **controllava** le **navi** che entravano e uscivano dal porto.

−Carlo, ho trovato qualcosa.

−Che cosa, Susanna?

Susanna tirò fuori dalla sua borsetta un vecchio orologio. Sembrava molto antico. Non sapeva cosa fosse.

−Sai dirmi che tipo di orologio è questo?

−**Fammelo vedere**.

Carlo lo prese in mano e lo **osservò attentamente**.

−Non ne ho idea! – disse dopo un po'.

Susanna si stupì.

−Non sai che cos'è?

−Beh, so che è un orologio però è molto antico... Devi lavorare adesso, Susanna?

−No, lavoro **tra un'ora**.

−Andiamo nella mia bottega, ho dei libri che potranno aiutarci.

Carlo e Susanna andarono alla bottega. La porta della bottega era molto vecchia ed era sporca. All'interno della bottega c'erano molti attrezzi, orologi, **meccanismi** e tanti **pezzi** differenti. Servivano per il lavoro di Carlo. Susanna non era mai stata nella sua bottega.

−Wow! – disse. −Hai un sacco di roba qui dentro!

−Sì, ho tanto lavoro, ma mi piace quello che faccio.

—Questo è importante!

Carlo **fece un gesto** a Susanna **perché lo seguisse** in un'altra stanza. In quella stanza c'erano molti libri. Alcuni libri erano grandi e vecchi. I **titoli** di molti di quei libri non erano più leggibili.

—Che facciamo qui? – lei chiese.
—**Cerchiamo informazioni**.
—Che tipo di informazioni?
—Devo sapere che tipo di orologio è questo. **Non ho mai visto niente del genere.**

Carlo e Susanna cercarono, per qualche minuto, informazioni nei libri. Lei trovò qualcosa in un libro che parlava dei pirati Uscocchi.
—**Ho trovato qualcosa**! – disse.
Carlo chiuse il suo libro e si avvicinò a Susanna.
—Dove, Susanna?
—In un libro di **pirati**.

Carlo **fu molto sorpreso**. Un libro di pirati? Perché un libro di pirati parlava di orologi? **Non aveva senso**.
Susanna rispose:
—Questo libro parla dei pirati Uscocchi. Erano dei pirati della zona balcanica che gli austriaci pagavano per assaltare le navi della Repubblica di Venezia nel XVII **secolo**. Gli austriaci erano gelosi del **dominio** della Repubblica di Venezia nel mare Adriatico.
—Continuo a non capire. Cosa c'entrano i pirati?
—Ascolta...

Susanna continuò a leggere.

–Questo libro dice che esisteva un pirata famoso. Il suo nome era Petar il Kraken. Il pirata possedeva un orologio molto speciale con **poteri misteriosi**.

–Che tipo di poteri misteriosi?

–Si dice che con quell'orologio si potesse **viaggiare nel tempo**... È una leggenda.

Carlo rise di gusto e disse:

–Un pirata con un orologio che viaggiava nel tempo? Che assurdità!

Proprio nel momento in cui Carlo diceva che era un'assurdità si sentì un rumore nella parte della bottega dove Carlo riparava gli orologi.

–Che cos'è stato quello, Susanna?

–Non lo so! Andiamo a vedere!

Tornarono di là e l'orologio non c'era più. Era sparito. La porta era aperta. Si sentivano dei passi allontanarsi da lì.

–Ci hanno rubato l'orologio! – disse Carlo.

–Vedi, Carlo? Quell'orologio ha qualcosa di speciale. Non è un comune orologio.

–**Inseguiamolo**!

Carlo e Susanna corsero fuori dalla bottega e tornarono alla spiaggia. C'erano orme sulla sabbia. Orme profonde e grandi come quelle di un uomo molto **robusto**.

–Guarda, Carlo! È laggiù!

Carlo **corse dietro** all'uomo che aveva rubato l'orologio e gli gridò:

–Ehi! Fermo! Fermati immediatamente!

L'uomo robusto non fece caso all'avvertimento e continuò a correre. Carlo gridò più forte:

–Fermo! È un ordine, fermati!

L'uomo continuò a scappare. Così Carlo corse **ancora più veloce** finché riuscì a raggiungerlo. **Afferrò** l'uomo e lui **cadde** sulla sabbia. L'uomo gridava e **si lamentava**.

–Lasciami! Io non ti ho fatto nulla! Questo è il mio orologio!

L'uomo aveva uno strano aspetto. Non sembrava un uomo moderno, né tanto meno un uomo anziano vestito con abiti di tanto tempo fa.

Carlo e Susanna lo fissarono mentre lui si alzava dalla sabbia. L'uomo robusto si scrollò la sabbia di dosso. Aveva l'orologio nella mano destra e li guardava con sospetto.

–Che volete? Perché mi guardate così?

L'uomo robusto parlava un italiano particolare, con un accento molto bizzarro. Carlo gli disse:

–Hai rubato il mio orologio. Sei entrato nella mia bottega e lo hai preso **senza il mio permesso**.

–No! – disse l'uomo robusto. –Tu me l'hai rubato! Io l'ho solo recuperato... È mio!

Carlo e Susanna si guardarono.

Susanna chiese all'uomo:

–Chi sei?

–Sono Petar il Kraken. **Devo tornare** nel XVII secolo.

Annesso al capitolo 1

Riassunto

Carlo è un orologiaio. Lavora molto e per rilassarsi fa delle passeggiate sulla spiaggia. Una notte, mentre passeggia, incontra Susanna che gli mostra un orologio che aveva trovato. Nella bottega di Carlo, i due cercano delle informazioni sullo strano orologio. Secondo la leggenda l'orologio apparteneva a un pirata e aveva dei poteri magici per viaggiare nel tempo. Un uomo dall'aspetto strano entra nella bottega e ruba l'orologio. Susanna e Carlo lo inseguono e lo bloccano. Così scoprono che si tratta del pirata Petar il Kraken, lo stesso pirata di cui parlava la leggenda.

Vocabolario

- **la leggenda** = legend
- **l'orologiaio** = watchmaker, watch repairer
- **propria bottega** = his own studio, workshop
- **riparava orologi** = repaired watches
- **le commissioni** = orders, commissions
- **sposato** = married
- **le calle** = Venetian streets, alleys
- **per sgranchirsi le gambe** = to stretch his legs
- **una vecchia amica** = an old friend (she)
- **a quest'ora** = at this time
- **il Paese** = country (if capitalised)
- **i clienti** = customers
- **soddisfatti** = satisfied
- **il porto** = port
- **il turno** = working shift

- **di notte** = at night, nighttime
- **controllava** = checked, controlled
- **le navi** = ships, boats
- **l'orologio** = watch, clock
- **fammelo vedere** = let me look at it
- **osservò attentamente** = closely looked
- **tra un'ora** = in one hour
- **i meccanismi** = mechanisms
- **i pezzi** = pieces
- **fece un gesto** = made a gesture
- **perché lo seguisse** = so she would follow him
- **i titoli** = titles
- **cerchiamo informazioni** = we search information
- **non avevo mai visto niente di simile** = I've never seen anything similar
- **Ho trovato qualcosa!** = I've found something!
- **i pirati** = pirates
- **fu molto sorpreso** = was astonished
- **non aveva senso** = it made no sense
- **il secolo** = century
- **il dominio** = supremacy, control
- **i poteri misteriosi** = mysterious powers
- **viaggiare nel tempo** = to travel in time
- **Inseguiamolo!** = Let's go after him!
- **la sabbia** = sand
- **robusto** = strong
- **corse dietro (a...)** = he chased (someone)
- **ancora più veloce** = even faster
- **afferrò** = he grabbed
- **cadde** = he fell
- **si lamentava** = he complained
- **senza il mio permesso** = without my permission
- **devo tornare** = I have to go back

Domande a risposta multipla
Seleziona una sola risposta per ogni domanda

1. Carlo lavorava come:
    a. Orologiaio
    b. Pescatore
    c. Pirata
    d. Non aveva un lavoro
2. Susanna era:
    a. La sua ragazza
    b. Sua moglie
    c. Sua figlia
    d. Una sua amica
3. Per riposarsi Carlo:
    a. Passeggiava per le calle di Venezia
    b. Camminava dentro la sua bottega
    c. Passeggiava sulla spiaggia
    d. Leggeva libri
4. Secondo la leggenda, l'orologio:
    a. Apparteneva all'Austria
    b. Apparteneva alla Repubblica di Venezia
    c. Aveva poteri straordinari
    d. Era l'orologio di un re
5. L'orologio sparì dalla bottega di Carlo:
    a. Perché Susanna lo rubò
    b. Perché un uomo sconosciuto lo rubò
    c. Perché si era perso in mezzo al disordine
    d. Per magia

Soluzioni capitolo 1

1. a
2. d
3. c
4. c
5. b

Capitolo 2 – I pirati

–Tu? Petar il Kraken? – disse Carlo.

Carlo si avvicinò ancora di più a lui. Sembrava proprio un pirata d'epoca. Un pirata dei Balcani. Un pirata di quelli di cui si parla nelle leggende e nei **racconti**. Poteva essere tutto vero, dunque?

–Sì, sono io! – disse il pirata.

Carlo adesso credeva davvero che l'orologio avesse dei poteri straordinari.

–Adesso capisco... La leggenda è **vera**!

–Quale leggenda? – chiese Petar.

–La leggenda sul tuo orologio.

Petar guardò Carlo e Susanna.

–Come fate a sapere dell'orologio?

Susanna rispose:

–Se ne parla nei libri delle leggende.

–Nei libri, dici? Perbacco! Allora sì che sono famoso!

–No, non esattamente... Solo il tuo orologio.

Petar fece alcuni passi sulla sabbia, era **pensieroso**. Tirò fuori l'orologio che aveva messo in **tasca** e disse:

–Questo orologio è mio. Certo non l'ho **fabbricato** io! Però io l'ho **trovato** nel **tesoro** di un altro pirata.

–Un altro pirata? – chiese Carlo.

–Sì, non so chi fosse. Non c'era nessuno a **custodire** il tesoro.

Carlo scoprì così che Petar il Kraken aveva trovato l'orologio per caso. Non sapeva a chi era **appartenuto** prima di lui. Carlo chiese al pirata:

−Petar, sai come **funziona** questo orologio?

−No, non lo so. **Di tanto in tanto**, se lo prendo in mano mi trasporta fino alla vostra epoca. Qualche minuto dopo se lo riprendo in mano ritorno nel mio tempo. E adesso manca poco perché io ritorni nuovamente nella mia epoca.

−E perché vieni qui?

−Mi piace vedere come sono cambiate le cose. Adesso non ci sono più i pirati di una volta! Ci sono **edifici** molto alti! Ci sono persino **macchine volanti**!

Carlo e Susanna sorrisero. Il pirata non era abituato a vedere le cose che loro vedevano ogni giorno. Era normale che tutto gli sembrasse così **assurdo**!

Petar **strinse con forza** l'orologio e disse:

−Tra pochi secondi tornerò nella mia epoca... E nei luoghi di **centinaia di anni fa**.

Carlo e Susanna si guardarono. Parlarono tra loro.

−Che ne pensi, Susanna?

−Che ne penso, dici?

−Vuoi andare nel XVII secolo?

Susanna ci pensò un attimo.

−Andiamo! – gli disse finalmente.

Carlo e Susanna si avvicinarono a Petar il Kraken e gli dissero:

−Vogliamo venire con te.

−Davvero? – chiese Petar.

−Sì! Funziona se tocchiamo l'orologio in tre?

−Sì, funziona. Dovete solo poggiare la vostra mano sull'orologio.

I tre toccarono l'orologio e furono trasportati nei XVII secolo, quando le imbarcazioni della Repubblica di Venezia lottavano contro i pirati nel Mare Adriatico.

La notte diventò giorno e **all'improvviso** si ritrovarono in un accampamento pirata. I pirati nell'accampamento li osservavano.

Uno di loro, dalla **pelle scura** e i capelli lunghi si avvicinò a Petar il Kraken.

–Ehi, **capitano**! Sei tornato alla fine!

I tre tolsero la mano dall'orologio. Carlo e Susanna erano **confusi**. Petar il Kraken era il capitano. Lui disse ai suoi uomini:

–**Ascoltate**! **Vi presento**...!

Petar il Kraken **si rese conto** che non conosceva i loro nomi. Guardò la **coppia** e gli chiese:

–Come vi chiamate?

–Carlo e Susanna.

–Ecco, appunto... Uomini! Vi presento Carlo e Susanna!

I pirati non sembravano per niente **allarmati**. Conoscevano i poteri dell'orologio e **c'erano abituati**. Il loro capitano spariva grazie all'orologio e sempre grazie ad esso ritornava.

Il pirata dalla pelle scura, chiamato Filip, disse al suo capitano:

–**Questa volta** torni con **qualcuno**!

–Sì, Carlo e Susana ci aiuteranno nella nostra missione.

Carlo disse a Petar:

–Missione? Che missione?

–Ci aiuterete a vincere la **battaglia** contro le navi della Repubblica di Venezia.

–Come? Non avevi menzionato niente di tutto questo!

Petar il Kraken non rispose e si ritirò nella sua **tenda** sulla spiaggia. La **riva** della spiaggia era **piena** di navi pirata. Carlo e Susanna rimasero soli con Filip.

–Mi chiamo Filip. Mi dispiace.

–Perché ti dispiace? – gli chiese Susanna.

–Petar è **senza speranza**. I veneziani sanno dell'orologio. Vogliono impadronirsene **a tutti i costi**. Per questo ci attaccano ogni notte. Proprio in questo momento le nostre navi stanno combattendo contro le loro. Ci aiuterete a **scappare**?

A distanza, si udivano i **rumori** dei **cannoni**.

Carlo disse:

–Come volete che vi aiutiamo?

–Voi sapete quello che succederà. Vivete nel **futuro**.

–No, no, no. Non sappiamo quello che succederà. La storia dell'orologio è solo una leggenda nella nostra epoca!

Filip **si rattristì**.

–**Chiunque** tocchi l'orologio può viaggiare con esso. Petar è **ossessionato** da questo. Prova a cercare aiuto nel futuro ma non ci riesce mai.

–E cosa vuoi fare? – chiese Susanna.

–**Dovete rubare** l'orologio al nostro capitano.

–Quando?

–Domani. Domani **ci sarà** una grande battaglia. Il capitano **invierà** molte navi in guerra. Dovete togliergli l'orologio e non **ritornare** mai più qui.

Filip si ritirò nella tenda di Petar e loro si sedettero attorno al **fuoco**.

–Sono solo un orologiaio! – disse Carlo. –Come faccio a rubare qualcosa a qualcuno così forte?

–Dobbiamo trovare un **modo** per riuscirci...

Annesso al capitolo 2

Riassunto

Carlo e Susanna parlano con Petar il Kraken. Lui è un pirata degli Uscocchi del XVII secolo. Possiede un orologio con il quale viaggia nel tempo. Carlo e Susanna decidono di seguirlo nel XVII secolo. Lì conoscono il pirata Filip, che rivela ai due che Petar è ossessionato dall'orologio. Poi chiede a Carlo di rubare l'orologio a Petar e di non tornare mai più nella loro epoca. I veneziane sanno dell'orologio e combattono per ottenerlo. Carlo e Susanna dovranno inventarsi qualcosa.

Vocabolario

- **i racconti** = tales
- **vera** = true
- **pensieroso** = deep in thought
- **la tasca** = pocket
- **fabbricato** = made, manufactured
- **trovato** = found
- **il tesoro** = treasure
- **custodire** = to keep safe
- **funziona** = it works
- **di tanto in tanto** = from time to time
- **gli edifici** = buildings
- **le macchine volanti** = flying machines
- **assurdo** = crazy, incredible
- **strinse con forza** = held tightly
- **centinaia di anni fa** = hundred of years ago
- **all'improvviso** = all of a sudden

119

- **la pelle scura** = brown/dark skin
- **il capitano** = captain
- **confusi** = confused
- **Ascoltate!** = Listen!
- **Vi presento...!** = I'll introduce you to...!
- **si rese conto** = realised
- **la coppia** = couple
- **allarmati** = worried, concerned
- **c'erano abituati** = they were used to it
- **questa volta** = this time
- **qualcuno** = someone
- **la battaglia** = battle
- **la tenda** = tent
- **la riva** = shore, bank
- **piena** = full of
- **senza speranza** = desperate, hopeless
- **a tutti i costi** = at all costs
- **scappare** = to escape
- **i rumori** = noises
- **i cannoni** = cannons
- **il futuro** = future
- **si rattristì** = was saddened
- **chiunque** = anyone
- **ossessionato** = obsessed
- **dovete rubare** = you have to steal
- **ci sarà** = there will be
- **invierà** = he's going to send
- **ritornare** = to return
- **il fuoco** = fire, campfire
- **il modo** = way

Domande a risposta multipla
Seleziona una sola risposta per ogni domanda

6. L'uomo robusto si chiama:
    a. Carlo
    b. Petar
    c. Filip
    d. Non si sa
7. Il potere dell'orologio permette di:
    a. Viaggiare tra le diverse epoche
    b. Viaggiare solo nel XVII secolo
    c. Viaggiare solo nel XXI secolo
    d. Trovare dei tesori
8. Petar ritorna alla sua epoca:
    a. Con Carlo
    b. Con Susanna
    c. Con Carlo e Susanna
    d. Da solo
9. Petar vuole:
    a. Aiuto per vincere le navi della Repubblica di Venezia
    b. Scappare con le navi veneziane
    c. Rimanere a vivere con Carlo e Susanna
    d. Conquistare nuovi tesori
10. Filip dice a Carlo e Susanna che:
    a. Devono rimanere nella sua epoca
    b. Devono rubare l'orologio
    c. Devono aiutare nella battaglia contro le navi veneziane
    d. Devono allearsi con Petar

6. b
7. a
8. c
9. a
10. b

Capitolo 3 – Il furto

Carlo e Susanna si imbarcarono sulla nave di Petar il Kraken. Era una nave grande, molto grande. C'erano un sacco di cannoni a sinistra e un sacco di cannoni a destra. Era la nave personale e preferita del pirata. Filip era il suo **secondo in comando** e viaggiava sempre con lui sulla nave.

Nella nave c'erano moltissime stanze e **cabine**.

Petar il Kraken salì al **timone**.

Filip **fece fare un giro** della nave a Carlo e Susanna.

−Che ve ne pare della nostra **meraviglia**?

Susanna leggeva molto. Carlo aveva tanti libri però non leggeva tanto come Susanna.

−Caspita! Sto ammirando una vera nave pirata! Incredibile! – disse Susanna.

Filip rise. Aveva i denti piuttosto **sporchi**.

−Noi la vediamo ogni giorno.

Salirono **fino in cima**. La nave era già in marcia. Stavano andando in battaglia contro le navi veneziane. Il vento era abbastanza freddo e non c'erano **nuvole**. Si vedeva solo l'acqua azzurra dell'Adriatico e la spiaggia dov'era l'**accampamento** dei pirati.

Petar il Kraken era vicino a Carlo, Susanna e Filip.

Filip disse a Carlo e Susanna:

−Allora, come avete intenzione di farlo?

Carlo gli rispose:

−Un momento, un momento. Perché Petar vuole me e Susanna qui sulla nave? Io non so combattere! E neppure lei!

−Come vi ho già detto ieri, è pazzo! L'orologio è la sua ossessione. Lui pensa che **in qualche modo** ci aiuterete a vincere la battaglia.

Petar li guardava da sopra. Il suo sguardo non diceva nulla. Li fissava solamente.

−Sinceramente, – disse Filip. −Non lo so quello che pensa Petar.

−Perché dici questo? – chiese Susanna.

−Guardate il **mare**.

Guardarono il mare. Acqua azzurra, cielo senza nubi. **Contarono** circa 10 navi pirata. **La nave più grande** era quella di Petar.

−Vedete? Abbiamo dieci imbarcazioni.

Susanna capì quello che Filip intendeva dire.

−Voi avete dieci navi e i veneziani ne hanno molte di più, ma certo!

−Sì.

−Quante di più?

−Ne hanno 30.

Carlo gridò:

−Loro ne hanno 30?! E noi 10! Siete pazzi?!

−Per questo voglio **mettere fine a tutto questo**. Dovete rubare l'orologio a Petar. È ossessionato. Non possiamo vincerla questa battaglia.

−Che vuoi che facciamo?

Filip guardò Carlo e gli disse:

−Tu sei un orologiaio, no?

−Sì.

–Devi dire a Petar che hai bisogno di usare il suo orologio per vincere la battaglia. **Magari** funziona!

–E come faccio?

–Non lo so! Però devi riuscirci!

Il tempo scorreva. Le navi veneziane si vedevano già all'**orizzonte**.

Carlo non era sicuro, però poi alla fine andò da Petar. Petar stava parlando ai suoi pirati. Gli stava dicendo come combattere, quale **tattica** dovevano utilizzare.

Petar vide che Carlo lo stava guardando.

–Vuoi qualcosa, Carlo? Hai già un'idea su come vincere la battaglia?

–Sì, sì... ce l'ho. Vieni e te la spiego.

Il robusto pirata e Carlo si allontanarono di qualche passo dagli altri. Filip e Susanna **facevano finta di niente.**

–Petar, come sai, io sono un orologiaio... Dovrei dare un'occhiata al tuo orologio.

La faccia del pirata cambiò **completamente**.

–Perché?

–Se me lo fai sistemare potremo vincere la battaglia.

–Come?

Carlo non sapeva cosa dire. Pensò intensamente e **inventò** una risposta **su due piedi**.

–Credo di sapere già come funziona... – mentì.

–**E quindi?**

–Se me lo fai vedere posso cambiarlo. Posso cambiare l'orologio perché ci trasporti in un altro posto lontano da qui. Così non ci sarà bisogno di combattere.

La navi veneziane si avvicinarono e **cominciarono a sparare** colpi di cannone. Le navi dei pirati si difendevano. Anche loro sparavano coi cannoni. Carlo e Petar **barcollavano**.

Petar gridò ai suoi pirati:

–Forza! **Continuate a sparare**! Non possiamo perdere!

Carlo doveva avere quell'orologio... Senza orologio non sarebbe potuto tornare a Venezia... Né lui, né Susanna.

–Ascoltami! – disse Carlo. –I cannoni delle navi veneziane sparano già **più forte**. Fammi sistemare l'orologio! Solo così potremo vincere la battaglia!

Il pirata lo guardò però non volle darglielo. Improvvisamente il colpo di un cannone attraversò il timone e Petar cadde sul pavimento di **legno**. Carlo **approfittò del momento** e gli rubò l'orologio. Si mise a correre.

Petar si accorse del furto.

–Alt! **Ladro**!

Carlo lanciò l'orologio a Susanna e lei lo prese al volo. Corse da lei e Filip si avvicinò a loro due.

I cannoni veneziani ricominciarono a sparare e Petar **si gettò** sopra Susanna per riprendersi l'orologio. Filip provò ad aiutare Susanna. Alla fine tutti e quattro toccarono l'orologio nello stesso momento. L'orologio si attivò e furono trasportati nel XXI secolo.

I quattro **persero i sensi**.

Ore più tardi, Petar il Kraken, Carlo, Susanna e Filip si risvegliarono sulla spiaggia di Venezia. Petar fu il primo a

svegliarsi. Prese l'orologio e provò a tornare alla sua epoca però non ci riuscì. Era **rotto**.

–Che hai fatto, Carlo? Che hai fatto?

Gli altri si svegliarono.

Filip guardò la spiaggia, guardò la **città** e la gente. Era la prima volta che si trovava a Venezia, nel XXI secolo. Mentre Petar il Kraken piangeva, lui disse a Carlo:

–Questa è Venezia nel futuro?

–Beh... – rispose Carlo. –È **abbastanza** simile!

Petar si avvicinò ai tre e gli disse:

–Che facciamo adesso?

Nessuno disse niente, finché Carlo non parlò:

–Andiamo nella mia bottega. Proverò a riparare l'orologio, **però ad una condizione**...

–Che condizione?

–Voglio che mi raccontiate le migliori storie di pirati che conoscete!

Annesso al capitolo 3

Riassunto

Le navi di Petar il Kraken lottano contro le navi veneziane. Filip convince Carlo a rubare l'orologio. Carlo non sa bene come riuscire a farlo poi si inventa una scusa e dice che può ripararlo e far evitare ai pirati di combattere. Però nel frattempo la battaglia ha inizio e si combatte a colpi di cannoni. In un momento di confusione, Carlo ruba l'orologio a Petar e lo lancia a Susanna. Petar blocca Susanna per cercare di recuperarlo, mentre Filip prova ad aiutare Susanna a liberarsi. Alla fine tutti e quattro toccano l'orologio e vanno nel XXI secolo. Si ritrovano sulla spiaggia a Venezia. L'orologio si rompe e Carlo dice che lo riparerà ad una sola condizione: a patto che Petar e Filip gli raccontino le migliori storie di pirati.

Vocabolario

- **secondo in comando** = second in command
- **le cabine** = cabins
- **il timone** = rudder
- **fece fare un giro** = showed them around
- **la meraviglia** = preciousness, beauty
- **sporchi** = dirty
- **fino in cima** = (right) at the top
- **le nuvole** = clouds
- **l'accampamento** = camp
- **in qualche modo** = in some ways
- **il mare** = sea
- **contarono** = they counted

- **la nave più grande** = the biggest ship
- **mettere fine a tutto questo** = put an end to this
- **magari** = maybe
- **l'orizzonte** = horizon
- **la tattica** = tactic
- **facevano finta di niente** = they acted as nothing happened
- **completamente** = completely
- **inventò** = he invented
- **su due piedi** = quickly
- **E quindi?** = So what?
- **cominciarono a sparare** = they opened fire
- **barcollavano** = staggered
- **continuate a sparare** = keep shooting, firing
- **più forte** = even stronger, even more
- **il legno** = wood
- **approfittò del momento** = took advantage of the moment
- **il ladro** = thief
- **si gettò** = leaped on, jumped on
- **persero i sensi** = they were unconscious
- **svegliarsi** = to wake up
- **rotto** = broken
- **la città** = city
- **abbastanza** = rather, relatively
- **però ad una condizione** = but on one condition

Domande a risposta multipla
Seleziona una sola risposta per ogni domanda

11. Il pirata di nome Filip è:
    a. Il cugino di Petar
    b. Il figlio di Petar
    c. Il secondo in comando
    d. Nessuno in particolare
12. Filip dice a Carlo che:
    a. Deve combattere
    b. Deve rubare l'orologio
    c. Deve andarsene senza Susanna
    d. Vuole andare a Venezia
13. Quando Carlo chiede a Petar l'orologio:
    a. Petar glielo dà subito
    b. Petar non glielo dà
    c. Susanna si avvicina e lo ruba
    d. Petar cade e l'orologio si rompe
14. A Venezia vanno:
    a. Carlo e Susanna
    b. Petar e Carlo
    c. Petar e Filip
    d. Tutti
15. Carlo riparerà l'orologio di Petar ad una condizione:
    a. Vuole tornare nel XVII secolo
    b. Vuole che gli raccontino storie dei pirati
    c. Vuole una nave
    d. Vuole che Susanna lo aiuti

11. c
12. b
13. b
14. d
15. b

This title is also available as an audiobook.

For more information, please visit the Amazon store.

5. Lo Scrigno

Capitolo 1 – Numeri

Una tempo visse in Italia un uomo con una missione. Quell'uomo era molto **vecchio**. Aveva vissuto per molti **decenni** ed era molto **saggio**. L'anziano signore si chiamava Arturo.

Arturo viaggiava **da solo** in giro per l'Italia. Non viveva in nessun posto per molto tempo. Aveva da parte dei **risparmi** e li spendeva nei viaggi in giro per l'Italia. Mangiava dove poteva e dormiva dove capitava. L'uomo aveva una missione. Di che missione si trattava?

Un giorno Arturo si trovava a Roma. Era un po' di tempo che non **si radeva**. In Via del Corso la gente lo fissava quando lo vedeva passare. Il suo **abbigliamento** era **stravagante** e originale.

Arturo arrivò a Villa Borghese, un parco di Roma molto grande e pieno di alberi. Dove ci sono anche degli specchi d'acqua e si possono **noleggiare** delle **barchette** per **trascorrere il pomeriggio**. C'è sempre tanta gente a Villa Borghese, coppiette, famiglie, ragazzini...

L'anziano signore si avvicinò a un uomo che stava leggendo il **giornale**. L'uomo era **appoggiato** a un albero e sembrava essere molto rilassato. Arturo si sedette **al suo fianco**:

−Buon pomeriggio, signore! – gli disse Arturo.

−Salve... – gli rispose con sospetto l'uomo che leggeva.

−Come sta, Davide?

Davide si stupì. Come faceva a conoscere il suo nome?

−Ha detto Davide?

−Sì, è quello che ho detto.

−Come sa il mio nome?

−Non posso dirglielo.

−Almeno potrebbe dirmi il suo di nome?

−Certo! Mi chiamo Arturo.

Davide smise di leggere il quotidiano e guardò Arturo. Lo guardò **attentamente** per riuscire a capire chi fosse, ma non lo riconobbe. Anche senza la **barba lunga** non lo avrebbe riconosciuto.

−Che vuole da me? – chiese Davide.

−Non vengo a **disturbarla** o a raccontarle storie da vecchio, però qualcosa voglio dirgliela.

−D'accordo.

Arturo tirò fuori dalla tasca una foto. In quella foto c'era uno scrigno ricoperto dallo **sporco**. Era uno scrigno molto antico e sembrava racchiudere qualcosa **di valore**.

−Cos'è quello? – chiese Davide.

−Non sa cos'è?

−Sembra uno scrigno, però non l'ho mai visto prima.

−Vede questi **numeri**?

Sullo scrigno c'erano dei numeri incisi, però ne mancavo tre.

−Mancano tre numeri! – disse Davide.

134

−Esatto, mi servono quei tre numeri per la mia missione.

−Che missione?

−Questo non posso dirglielo.

Davide non capiva che cosa volesse da lui. Come poteva dargli dei numeri di cui non sapeva nulla?

−Sicuramente ha uno di quei numeri conservato da qualche parte.

−Non so di che cosa parla, signor Arturo.

−Ci pensi bene! Lei deve possedere un oggetto antico con un numero.

−**Adesso che mi ci fa pensare**... **Venga con me**!

Davide e Arturo uscirono da Villa Borghese. Imboccarono una **strada larga** e presero un autobus fino a Via del Corso.

Mentre camminavano tra la gente, Davide chiese ad Arturo:

−Da quanto tempo è qui a Roma, signor Arturo?

−Sono qui da due mesi.

−Le piace?

−Sì, mi piace molto! C'è così tanta gente a Roma e ci sono tantissimi posti da visitare. Comunque, **possiamo darci del tu**, Davide!

−D'accordo!

Davide e Arturo entrarono nel **magazzino** di un edificio. L'edificio si trovava appena dietro Via del Corso. In quel magazzino Davide conservava molte cose del suo passato. **Giocattoli** di quand'era piccolo, **appunti** universitari, vecchie foto...

–Che cerchiamo qui? – chiese Arturo.

–Ricordo di avere qualcosa che potrebbe avere quello che cerca.

–Un numero?

–Sì, un numero... Devo cercarlo...

Davide cercò per più di mezz'ora. Arturo offrì il suo aiuto però Davide gli disse:

–**Siediti**, non ti preoccupare. Adesso lo trovo.

Ci volle un'ora per trovare quello che cercava, però finalmente ci riuscì!

–Guarda, Arturo. L'ho trovato!

–Cos'hai trovato?

Arturo si alzò da dove era seduto e gli chiese:

–Come sai che è davvero questo quello che cerco?

–No lo so, però ho questa cosa da moltissimi anni.

Davide **aprì** un **fazzoletto** tutto pieno di **polvere**. Dentro c'era una **collana** d'**oro** con un disegno. Il disegno era strano, però al suo interno c'era un numero.

Davide disse ad Arturo:

–Non so perché, però quando mi hai parlato del numero, mi sono ricordato di questo.

–Chi ti ha dato questa **collana**?

–Non ne sono sicuro. Credo di averla **da quando ero piccolo**.

Arturo aprì la porta del magazzino e Davide chiese:

–Dove vai?

–Per me abbiamo finito qui. Ricordati di quel numero...

–Aspetta!

Arturo sparì fuori dalla porta e Davide rimase in silenzio per qualche istante. Quando Davide **riaprì** la porta, l'uomo non si vedeva più. Arturo tornò in Via del Corso, poi andò alla stazione e prese un treno. Infine, andò all'aeroporto. La tappa successiva sarebbe stata Catania, in Sicilia.

Arturo comprò un biglietto aereo e si imbarcò. Poco dopo arrivò a Catania. Vide anche lì molti turisti, ma non così tanti come a Roma! Era una città molto **vivace** però lui non sapeva dove andare. Prese un taxi e si fece portare direttamente all'**indirizzo** che aveva. Poco dopo si trovò davanti a una grande casa.

La grande casa era di **lusso**, doveva essere di proprietà di qualcuno con molti soldi. La casa aveva un giardino enorme e diversi operai e **giardinieri** si stavano occupando delle **piante** e degli alberi. C'erano dei cani che correvano qua e là. Arturo si fermò a guardare la casa da fuori per un po', finché alla fine suonò il campanello.

Annesso al capitolo 1

Riassunto

Arturo è un uomo anziano con una missione. Ha con sé la foto di uno scrigno antico. Deve scoprire i tre numeri che mancano dallo scrigno e viaggia per l'Italia cercando le persone che hanno quei numeri. La prima persona che incontra si chiama Davide ed è un uomo che vive a Roma. Davide trova il numero in una collana antica che aveva fin da bambino. Arturo gli dice di non dimenticarsi di quel numero e va via senza spiegazioni. Dopo prende un aereo per Catania e va a cercare un'altra persona che vive in una casa molto grande.

Vocabolario

- **lo scrigno** = chest
- **vecchio** = old
- **i decenni** = decades
- **saggio/a** = wise
- **da solo/a** = alone
- **i risparmi** = savings
- **si radeva** = shaved himself
- **l'abbigliamento** = clothes
- **stravagante** = odd, peculiar
- **noleggiare** = to rent
- **le barchette** = small boats
- **trascorrere il pomeriggio** = to spend the afternoon
- **il giornale** = newspaper
- **appoggiato** = resting against (something), leaning

138

- **al suo fianco** = by his side
- **attentamente** = carefully
- **la barba lunga** = long beard
- **disturbarla** = to bother you, disturb you
- **lo sporco** = dirt
- **di valore** = valuable
- **i numeri** = numbers
- **adesso che mi ci fa pensare...** = now that you mention it...
- **Venga con me!** = Come with me!
- **la strada larga** = wide street
- **possiamo darci del tu** = we can speak informally
- **il magazzino** = storage, store room
- **i giocattoli** = toys
- **gli appunti** = notes
- **siediti** = sit down
- **aprì** = unwrapped, opened
- **il fazzoletto** = handkerchief
- **la polvere** = dust
- **la collana** = necklace
- **l'oro** = gold
- **da quando ero piccolo** = since I was young
- **riaprì** = he opened again
- **vivace** = lively
- **l'indirizzo** = address
- **di lusso** = luxurious, classy
- **i giardinieri** = gardeners
- **le piante** = plants

Domande a risposta multipla
Seleziona una sola risposta per ogni domanda

1. Arturo era:
    a. Un uomo molto giovane
    b. Un uomo di mezza età
    c. Un uomo di età avanzata
    d. Non si sa
2. Nella foto di Arturo c'era:
    a. Uno scrigno
    b. Un magazzino
    c. Una collana
    d. Una città
3. Arturo parlò con Davide per la prima volta:
    a. In Via del Corso
    b. A Villa Borghese
    c. All'aeroporto
    d. In un magazzino
4. Davide portò Arturo:
    a. All'aeroporto
    b. A prendere un taxi
    c. A Catania
    d. In un magazzino
5. Dopo aver parlato con Davide, Arturo andò a:
    a. Roma
    b. Capri
    c. Catania
    d. Caserta

Soluzioni capitolo 1

1. c
2. a
3. b
4. d
5. c

Capitolo 2 – Catania

Arturo suonò il **campanello** e aspettò che qualcuno aprisse.

–C'è nessuno?

Non rispose nessuno.

L'**anziano** si sedette ad aspettare su una panchina sul lato della strada. Sembrava che nessuno volesse aprire la porta. Tirò fuori la foto dalla tasca e la guardò. Sorrise. Era lo scrigno. Rimise la foto a posto, di nuovo nella tasca della giacca.

Arturo **sentì qualcosa che si avvicinava**. Era una macchina. Un'auto **costosa** e **decappottabile**. C'era una donna al volante. Indossava gli **occhiali da sole** e non vide Arturo.

La donna aprì il cancello di casa con un **telecomando** e continuò a non **accorgersi** di Arturo.

–Aspetti! – gridò lui.

La donna finalmente lo vide e fermò l'auto. Il cancello di casa **rimase aperto**.

–Chi è lei? – chiese la donna.

–Può **scendere** un momento dalla macchina?

La donna lo guardò e poi scese dalla macchina. Un uomo uscì dalla casa, si avvicinò e chiese alla donna:

–Signorina Garofalo, **vuole che parcheggi** la macchina per lei?

–Sì, Giulio, grazie.

Giulio era il **maggiordomo**. Arturo lo capì subito.

–Signorina Lucia Garofalo, immagino? – disse lui.

–Sì, sono io.

–**Vengo per** una **questione** molto importante.

–Quale questione importante potrebbe mai essere? Beh, di qualunque cosa si tratti, mi segua! Entriamo in casa!

Arturo seguì la donna. Il **giardino** era molto grande, **immenso**. La donna aveva una casa veramente **splendida**.

–Tutto questo è suo? – chiese Arturo.

–Sì. Quando avevo 25 anni ho creato un'**azienda e mi è andata bene**!

–Capisco, molto lavoro...

–Tantissimo! Venga di qua.

Arturo e Lucia salirono i gradini della casa e arrivarono davanti alla porta principale. La porta era di legno, molto **elegante**. Aveva uno stile antico.

–È una **casa d'epoca** questa?

Lucia sorrise.

–No, non lo è. Però è stata costruita secondo un progetto d'epoca.

Il maggiordomo Giulio li seguiva. Portava un **vassoio** con **tè** e **pasticcini**.

–Signor... – disse Giulio.

–Arturo!

–Signor Arturo, desidera qualcosa?

–Sì, un caffè, grazie.

Lucia si tolse la giacca. **Faceva molto caldo** a Catania.

Giulio tornò a parlare con Arturo:

–**Mi permetta la giacca**, signore.

Arturo si tolse la giacca e la diede al maggiordomo. Lui uscì dalla sala e tornò poco dopo per servirgli il caffè. Dopo di che, lasciò Lucia e Arturo da soli.

Lucia si sedette sul divano e anche Arturo. Entrambi si guardavano con curiosità.

−Benvenuto a casa mia, Arturo. Mi dica, come posso aiutarla?

Arturo sorseggiò il caffè e dopo posò la tazzina sul **tavolino**.

−Ho bisogno di sapere un numero.

Così com'era successo a Davide, anche Lucia si sorprese.

−Un numero?

−Sì, un numero.

−Un numero in particolare?

−Ci pensi bene...

Lucia provò a ricordare. Cercò di capire quello che le stava dicendo Arturo, però **a differenza di** Davide, non ricordò nulla.

−**No so a cosa si riferisce**. Se per favore può spiegarsi meglio...

Arturo si guardò **attorno.** La sala era enorme. Magari avrebbe trovato il secondo numero lì da qualche parte. Poi si ricordò della foto.

−Potrebbe chiamare il suo maggiordomo perché mi porti la giacca per favore? − disse Arturo.

−Nessun problema.

Dopo qualche istante, Giulio apparve con la giacca di Arturo. Arturo la prese e il maggiordomo se ne andò di nuovo.

Arturo cercò dentro la giacca. C'erano molte tasche ed era **difficile** trovare la foto dello scrigno. Lucia **stava perdendo la pazienza**.

–Eccola! Eccola qui!

Arturo tirò fuori la foto dello scrigno e la posò sul tavolino. Lucia prese la foto in mano e la guardò. In quel momento **si ricordò di qualcosa**.

–No so perché... Però mi sto ricordando una cosa...

–Bene, Lucia, ci pensi!

Lucia si alzò dal divano e Arturo sorrise... Era sulla strada buona.

–Venga con me, Arturo. Non so lei chi sia, né che cosa voglia esattamente, però mi ha fatto ricordare una cosa...

Uscirono dalla casa ed entrarono in un altro piccolo edificio a lato della casa. All'interno c'erano molte **statue**, **opere d'arte** e altri oggetti. Era come un piccolo **museo privato**.

Lucia aprì una **cassetta** ed eccola lì... Una collana uguale a quella di Davide. Molto antica e tutta sporca, però si poteva ancora leggere il numero che c'era all'interno.

Arturo guardò il numero sulla collana.

–È tutto quello che mi serviva sapere.

–Continuo a non capire niente, signor Arturo. Chi è lei? Lo scrigno mi ha fatto ricordare questa collana... Però non so perché!

−Devo andare adesso, signorina Lucia. Si ricordi il numero, però per favore, non chieda altro per il momento.

Arturo uscì dalla casa di Lucia accompagnato dal suo maggiordomo Giulio.
−Arrivederci, signorina Lucia!

Lei non gli rispose. Non sapeva perché Arturo era venuto. Le sembrava tutto troppo strano e preferì non pensarci oltre.

Arturo **affittò** una stanza in un albergo **con vista mare**. Dormì lì quella notte, **godendosi** il sole e la **brezza** marina per un po'. C'era una terza persona che doveva ancora vedere. Questa persona viveva a Genova, nel nord Italia.

Annesso al capitolo 2

Riassunto

Arturo va in viaggio a Catania per incontrare una donna. La donna si chiama Lucia ed è milionaria. Ha una casa molto grande e invita Arturo a entrare. Arturo le chiede di ricordare un numero e lei si ricorda di averlo in una vecchia collana, come Davide. Dopo aver saputo il numero, Arturo se ne va senza dare spiegazioni. Passa la notte a Catania in un albergo con vista mare e poi parte per Genova. Manca un terzo numero e una terza persona da visitare.

Vocabolario

- **il campanello** = doorbell
- **l'anziano** = elderly
- **sentì qualcosa che si avvicinava** = he heard something approaching
- **costosa** = expensive
- **decappottabile** = convertible
- **gli occhiali da sole** = sunglasses
- **il telecomando** = remote control
- **continuò a non accorgersi** = (she) still didn't see/didn't notice
- **rimase aperto** = remained open
- **scendere** = in this context, *get off the car*
- **il momento** = moment
- **vuole che parcheggi** = would you like me to park
- **il maggiordomo** = butler
- **vengo per** = I come for/to
- **la questione molto importante** = very important matter

- **di qualunque cosa si tratti** = in any case
- **il giardino** = garden
- **immenso** = huge
- **splendida** = beautiful
- **l'azienda** = company, business
- **mi è andata bene** = it went well
- **elegante** = elegant, classy
- **la casa d'epoca** = period style house
- **il vassoio** = tray
- **il caffè** = coffee
- **i pasticcini** = pastries
- **Faceva molto caldo** = it was very hot
- **mi permetta la giacca** = let me take your jacket
- **il tavolino** = coffee table
- **a differenza di** = in contrast to
- **non so a cosa si riferisce** = I don't know what you are referring to
- **attorno** = around
- **difficile** = hard, difficult
- **stava perdendo la pazienza** = was losing her patience
- **si ricordò una cosa** = she remembered something
- **le statue** = statues
- **le opere d'arte** = works of art
- **il museo privato** = private museum
- **la cassetta** = small box
- **affittò** = rented
- **con vista mare** = with sea views
- **godendosi** = enjoying
- **la brezza** = breeze

Domande a risposta multipla
Seleziona una sola risposta per ogni domanda

6. La casa di Lucia:
    a. Era grande
    b. Era piccola
    c. Era di medie dimensioni
    d. Non si sa
7. Il maggiordomo si chiama:
    a. Davide
    b. Arturo
    c. Carlo
    d. Nessuna delle precedenti
8. Lucia ricorda qualcosa in relazione al numero quando:
    a. Arturo gliene parla
    b. Arturo le fa vedere la foto dello scrigno
    c. Arturo le parla di uno scrigno
    d. Arturo le parla di una collana
9. Dopo aver salutato Lucia, Arturo:
    a. Va a Genova
    b. Va a Roma
    c. Affitta una stanza in un albergo a Catania
    d. Nessuna delle precedenti
10. La terza persona con il terzo numero si trova a:
    a. Roma
    b. Catania
    c. Genova
    d. Nessuna delle precedenti

6. a
7. d
8. b
9. c
10. c

Capitolo 3 – La risposta

Arturo andò a Genova. Prese un **volo** da Catania. Il volo per Genova non era diretto ma faceva **scalo** a Napoli. All'aeroporto comprò qualcosa da mangiare **per il viaggio** e dopo qualche ora arrivò a Genova.

Come sempre **chiamò un taxi**. Il tassista fu molto gentile e lo portò dall'aeroporto al centro. Passarono davanti all'Acquario di Genova. Arturo chiese al tassista:

−Qualche volta **è mai stato** all'Acquario?

−Sì, sono stato un mese fa con la mia famiglia.

−E le è piaciuto?

−Sì, dentro è enorme. Ci sono molti pesci e creature strane.

−Strane?

−Sì... **esotiche**! È il secondo Acquario più grande d'Europa e ci sono tantissime **specie** di animali che non sapevo neppure esistessero.

Parlò ancora un po' col tassista e poco dopo arrivarono al centro di Genova. Arturo chiese al tassista:

−Quanto le devo?

−Sono 7,50 €.

−**Prenda**.

Lo pagò e lo ringraziò.

Poi scese, chiuse la portiera del taxi e camminò per il centro di Genova per un po'. Era una città molto bella. Era migliorata **con gli anni**. In particolare nella zona del porto avevano eseguito un restyling completo. Adesso lì c'era un monumento a forma di sfera in metallo e vetro, che i genovesi chiamano Biosfera.

Non si ricordava da che parte andare per raggiungere la terza persona. Chiese a un signore per strada:

–Mi scusi. **Come posso arrivare qui?**

Arturo gli mostrò una mappa. Nella mappa appariva un piccolo porto e una casa vicino ad esso.

Il gentile **passante** gli diede le indicazioni.

–Grazie! É molto gentile!

–**Non c'è di che**.

Arturo camminò per mezz'ora. Non prese un taxi questa volta. Voleva camminare. Era stanco di prendere mezzi pubblici. Voleva camminare, era **sano** e gli piaceva muoversi.

Finalmente arrivò davanti a una piccola casa fatta di legno. A lato della casa di legno c'era un piccolo **porto**, con diverse **barche**. Le barche non erano del proprietario della casa, però lui **ne gestiva il noleggio**.

Arturo **si tolse le scarpe** e camminò sulla **sabbia** finché raggiunse la piccola casa.

–Spero che stavolta ci sia qualcuno! – disse, ricordandosi di Lucia a Catania.

Bussò alla porta una volta. Alla seconda qualcuno aprì. Era un uomo piuttosto vecchio, come lui, però senza barba. Aveva molte **rughe** sulla faccia.

–Salve! – disse il **proprietario**. –**Come posso aiutarla**?

–Salve, il mio nome è Arturo. Vorrei parlare con lei.

–Nessun "lei"! **Diamoci del tu**, per favore.

−Va bene... Vorrei parlare con te.

−Entra, Arturo.

Arturo si stupì. Il proprietario di quella casa era davvero gentile. Portava dei vestiti **modesti**, da **pescatore**. La casa puzzava di **pesce** e si vedevano in giro molti **strumenti per la pesca**. C'erano anche dei libri, dove **sicuramente erano registrati i conti** dei noleggi.

−Ebbene, dimmi pure! − gli disse.

Arturo fissò l'**anello** che portava al dito. In quell'anello c'era un numero. E subito cominciò a ridere.

−Che succede, Arturo?

−Pensavo che sarebbe stato più difficile!

−Che cosa?

−Quell'anello che porti... Chi te l'ha dato?

−È un regalo di tanti anni fa... non mi ricordo sinceramente. Credo che prima fosse una collana.

Arturo guardò il numero inciso. Aveva così anche il terzo numero. Aveva scoperto tutti i numeri e avrebbe potuto già andarsene. Però questa volta non voleva farlo... Voleva parlare ancora un po' col pescatore.

−Come ti chiami? − gli chiese Arturo.

−Mi chiamo Alfonso.

−Alfonso... È un nome molto diffuso anche in Spagna, vero? Sì, è vero. Credo che qui da noi si sia diffuso proprio durante la dominazione spagnola nel sud Italia.

−Sì, è così.

Arturo voleva essere sincero e non voleva **tergiversare**.

153

—Alfonso, **voglio spiegarti** quello che succede. Ho uno scrigno... Questa è la foto.

Tirò fuori la foto dello scrigno e gliela mostrò.

—Lo scrigno ha una chiave e tre numeri... I numeri li hanno tre persone diverse. Tu sei una di queste persone.

Alfonso chiese:

—E che contiene?

—Per il momento non posso dirtelo.

—Perché io ho uno dei tre numeri?

Arturo non volle spiegare nient'altro. La sua missione era un'altra...

—Alfonso, prendi questa **lettera** e leggila. Anche le altre due persone riceveranno la stessa lettera. Sono **identiche**. Adesso me ne devo andare. **Fidati di me**, per favore... A presto!

Arturo uscì dalla piccola casa. La lettera diceva questo:

«Carissimi,

Questa lettera è indirizzata alle tre persone che posseggono i tre numeri. I tre numeri aprono uno scrigno che si trova a Napoli. Vorrei che entro tre giorni **voi vi riuniate** *nel* **luogo** *indicato per aprire lo scrigno con i tre numeri che avete.*

Non posso dire altro per il momento. **Tra poco scoprirete** *chi sono, però oggi non è ancora quel momento.*

Buona fortuna.

Un saluto,
Arturo»

Tre giorni dopo, Davide, Lucia e Alfonso **si riunirono** a Napoli, nel luogo indicato sulla lettera.

–Buongiorno a tutti e due! – disse Davide.

–Buongiorno! – dissero Lucia e Alfonso.

I tre rimasero in silenzio per qualche **secondo** finché Davide disse:

–Che ci facciamo qui?

–Tutti avete letto la lettera? – chiese Lucia.

–Sì! – risposero.

–Apriamo lo scrigno allora! – decisero insieme.

Inserirono i numeri che avevano rispettivamente e lo scrigno si aprì. All'interno c'era un **foglio**.

Alfonso rise:

–Ah, ah! Tutto per una foglio! Spero che sia un **assegno** almeno!

–Qualcuno vuole leggerlo? – chiese Lucia.

–**Lo leggerò io!** – rispose Davide.

Davide prese il foglio dallo scrigno e lesse ad alta voce.

«Mi chiamo Anna. Mi dispiace molto... So di non essere stata con voi per molti anni. Ho dovuto andarmene di casa per problemi e per via del lavoro. Ho mandato mio fratello Arturo per fare in modo che voi vi riuniate qui»

A Davide **gli tremavano le mani**.

155

–Continua a leggere! – disse Lucia.

«*Davide, Lucia, Alfonso. Voi tre siete fratelli. E io sono vostra madre... La madre che non ha potuto prendersi cura di voi quando eravate piccoli. Sono stata io a* **regalarvi** *le collane. E credo di essere pronta finalmente... Credo che sia arrivato il momento... Vorrei tanto che mi perdonaste*».

Davide, Lucia e Alfonso si guardarono. Notarono una sagoma dietro di loro. Si voltarono e lì c'era una donna... Anna... la loro madre...

–Ciao, **figli miei**...

Annesso al capitolo 3

Riassunto

Arturo prende un aereo, con scalo a Napoli, per andare a Genova. Lì prende un taxi e parla col tassista del famoso Acquario di Genova. Arturo arriva dalla terza persona che si chiama Alfonso. Ottiene subito il terzo numero che gli mancava. Davide, Lucia e Alfonso ricevono tutti una lettera che chiede loro di recarsi a Napoli per aprire lo scrigno con i tre numeri. I tre vanno all'appuntamento e quando aprono lo scrigno trovano una lettera. La lettera è della madre che li ha abbandonati da piccoli. Subito dopo i tre fratelli conoscono la madre.

Vocabolario

- **la risposta** = answer
- **il volo** = flight
- **lo scalo** = layover, stop
- **per il viaggio** = for the journey
- **chiamò un taxi** = called a taxi
- **è mai stato...?** = have you ever been...?
- **esotiche** = exotic
- **le specie** = species
- **prenda** = here you are, take it
- **con gli anni** = over the years
- **come posso arrivare qui?** = How can I go here?
- **il passante** = pedestrian
- **non c'è di che** = you're welcome, not at all
- **sano** = healthy
- **il porto** = port

- **le barche** = ships, boats
- **ne gestiva il noleggio** = managed the rentals
- **si tolse le scarpe** = took off his shoes
- **la sabbia** = sand
- **le rughe** = wrinkles
- **il proprietario** = host
- **Come posso aiutarla?** = What can I do for you?
- **diamoci del tu** = we can speak in an informal way
- **modesti** = simple
- **il pescatore** = fisherman
- **il pesce** = fish
- **gli strumenti per la pesca** = fisheries instruments
- **sicuramente** = certainly
- **erano registrati i conti** = maintained the accounts
- **l'anello** = ring
- **tergiversare** = to beat around the bush
- **voglio spiegarti** = I want to explain to you
- **la lettera** = letter
- **identiche** = identical (plural)
- **Fidati di me** = trust me
- **voi vi riuniate** = you would meet
- **il luogo** = location, position
- **tra poco** = shortly
- **scoprirete** = you'll know, you'll find out
- **si riunirono** = they met
- **il secondo** = second
- **il foglio** = paper
- **l'assegno** = check
- **Lo leggerò io!** = I'll read it!
- **gli tremavano le mani** = his hands were shaking
- **regalarvi** = to give to you (gift)
- **figli miei** = my children

Domande a risposta multipla
Seleziona una sola risposta per ogni domanda

11. Per ultimo Arturo andò a:
    a. Roma
    b. Genova
    c. Perugia
    d. Nessuna delle precedenti
12. Arturo parlò con il tassista:
    a. Della famiglia del tassista
    b. Della famiglia di Arturo
    c. Dell'Acquario di Genova
    d. Dei piatti tipici
13. Alfonso, la terza persona, viveva:
    a. In montagna
    b. In città
    c. In un villaggio
    d. Al porto
14. Lo scrigno conteneva:
    a. Una lettera
    b. Un assegno
    c. Una mappa
    d. Nessuna delle precedenti
15. Davide, Lucia e Alfonso erano:
    a. Cugini
    b. Fratelli
    c. Amici
    d. Nessuna delle precedenti

11. b
12. c
13. d
14. a
15. b

6. Ferrg, il Drago

Capitolo 1 – La taverna

C'era una volta una **torre**. Era una torre molto alta, piena di stanze e con grandi **finestre**. La chiamavano torre però era così grande da poter ospitare quasi un interno villaggio.

Che aveva di speciale quella torre? Beh, non ci andava mai nessuno. **Nessuno era abbastanza temerario** da avvicinarsi. Perché? Perché qualcosa di **malvagio** viveva in quella torre. O per lo meno, la gente pensava che fosse qualcosa di malvagio.

Dentro alla torre viveva una grande **creatura**. Una creatura **volante** con grandi **squame** e una bocca che **sputava fuoco**. Con quel fuoco si potevano **incendiare** città intere. Era un drago e si chiamava Ferrg.

In una taverna della **cittadina** di Mer si raccontavano molte storie. Nella taverna si riunivano molti degli **abitanti** del villaggio che andavano lì a bere e a rilassarsi. Molti di loro passavano più tempo lì che a casa! Amavano le storie di draghi e i racconti antichi.

Il cameriere della taverna disse a Giosuè, un **cliente assiduo**:
    –Sì, sì! Io l'ho visto! Era un drago enorme! Molto grande! Con grandi squame! L'aria si **riscaldava** quando volava! Un giorno lo vidi che andava **in esplorazione**.

Giosuè rise mentre beveva un sorso di birra.

–Come no! Questa è una **frottola**! Tu non hai mai visto Ferrg!

–Sì che l'ho visto! Io l'ho visto prima che la gente cominciasse a chiamarlo Ferrg.

–Sei un **bugiardo**! Va', portami un'altra birra!

Il cameriere prese una caraffa e la riempì di birra. Giosuè prese la **caraffa** con la birra e **trangugiò d'un fiato**. Quasi bevve tutta la birra d'un colpo.

Il cameriere gli disse:

–E tu, Giosuè? Lo hai mai visto Ferrg?

–Io no! Però non vado nemmeno dicendo di averlo visto!

–Bah!

Il cameriere fece un gesto e andò a servire gli altri **clienti assetati**. Giosuè rimase da solo al **bancone** della taverna. Beveva la sua birra e quasi si stava addormentando. All'improvviso, si sentì un forte rumore e tutta la taverna **tremò**.

Gli **abitanti** del villaggio si inquietarono.

–Che cos'è stato?

–Ha tremato tutta la taverna!

–**Attenti**!

Si sentì un forte **ruggito** e la taverna tremò un'altra volta. Il drago Ferrg volava sopra di loro. I vetri delle finestre si **ruppero** e anche alcune caraffe di birra.

Il cameriere disse a tutti:

–Andate! **Uscite da qui!**

Nessuno si mosse.

–Siete **sordi**? Uscite da qui! – ripeté.

–Andiamo, andiamo... – disse Giosuè mentre finiva la sua birra. –Nessuno si muoverà da qui!

Le **ali** del drago si sentivano sbattere fuori dalla taverna e la gente aveva paura.

Nella taverna erano tutti in silenzio.

–Qualcuno forse mi ascolterà adesso!

Gli abitanti guardarono Giosuè.

Posò la caraffa di birra sul bancone e si alzò in piedi. Andò al centro della taverna e cominciò a **narrare** le sue avventure.

–**Nessuno mi crede**... Però io conosco il drago!

Di solito la gente rideva di lui però questa volta erano spaventati e lo ascoltavano. Si sentiva molto rumore fuori dalla taverna. Il drago volava attorno senza fermarsi, però non sembrava fare altro.

Uno degli abitanti disse:

–Ah, sì? Allora perché non esci e gli dici di andarsene?

Giosuè guardò l'uomo che aveva detto questo e gli rispose:

–Tu te ne andresti dal villaggio se io te lo chiedessi?

La paura della gente iniziò a diminuire un poco perché tutti scoppiarono a ridere. Giosuè **approfittò del momento** per spiegare.

–Io ero una guardia dell'impero... Una volta ci inviarono in missione in una torre qui vicino. Era una torre molto alta e grande. Sembrava un intero villaggio in **rovina**. All'interno incontrammo il drago. Nessuno è morto e io sono riuscito a parlare con lui.

–Menzogna! – urlò il cameriere.

–È la verità! – disse Giosuè.

–È una bugia!

Giosuè ignorò il cameriere.

–**Uscirò là fuori!** – disse indicando la porta della taverna. –Qualcuno vuole venire con me?

Nessuno disse nulla **per alcuni secondi**. Poi il cameriere parlò:

–**Adesso basta con le sciocchezze!** Andrò io con te! Non sopporto che mi si menta **senza pudore**.

–Va bene! Vieni con me. Qualcun altro?

Nessuno parlò. Nessuno si mosse. La taverna era in silenzio e il drago continuava a volare sopra di loro. Il locale tremava ogni volta che le ali del drago si muovevano.

Il cameriere guardò gli abitanti:

–Che nessuno prenda birra **senza pagare**!

Giosuè gli disse:

–Sei un **taccagno**!

–Usciamo!

Il cameriere e Giosuè uscirono fuori. La gente del villaggio correva da un **lato** all'altro. I bambini gridavano e piangevano, gli uomini prendevano i loro **scudi** per difendere la propria famiglia.

Giosuè provò a calmare la gente:

−Non abbiate paura! Ferrg è **inoffensivo**!

Però nessuno gli credette. La gente aveva molta paura del drago. Le storie che si raccontavano su di lui erano **terrificanti**. Si diceva che la torre dove viveva fosse stata precedentemente un villaggio. Un villaggio come quello dove vivevano adesso. Dicevano che se si faceva arrabbiare il drago, lui avrebbe **trasformato** gli abitanti in pietra.

Giosuè vide che il drago volava ancora sopra di loro.

−Un **arco**! Qualcuno può passarmi un arco?

Una donna si avvicinò e gli diede un arco.

−Vuoi ucciderlo? – chiese a Giosuè.

−No. Non potrei farlo neppure con cento archi. Le sue squame sono molto resistenti.

−Per cosa ti serve l'arco?

−Per questo!

Giosuè prese l'arco e **scoccò una freccia** in aria mentre il drago volava. Il drago non si fermò.

−Ne scoccherò un'altra! – disse.

Tornò a impugnare l'arco e mirò vicino alla sua faccia. Il drago vide la freccia passare e finalmente **atterrò** sulla piazza del villaggio.

−GIOOOOOOOSUUUÈÈÈÈÈÈ...? – urlò il drago.

Il cameriere si spaventò.

−Quella voce è del...? È del...?

–Sì, è Ferrg che mi sta chiamando.

Annesso al capitolo 1

Riassunto

Ferrg è un drago che vive in una torre molto alta e molto grande. Gli abitanti del villaggio vicino temono il drago. Si raccontano storie spaventose su di lui. Un giorno mentre gli abitanti del villaggio bevono come sempre alla taverna, il drago inizia a volare sopra di loro. Sono tutti terrorizzati. Uno dei clienti di nome Giosuè dice di conoscere il drago. Giosuè esce fuori per parlare con il drago e il cameriere lo segue perché non crede che Giosuè dica la verità.

Vocabolario

- **c'era una volta** = once upon a time
- **la torre** = tower
- **le finestre** = windows
- **nessuno era abbastanza temerario** = no one was that brave
- **malvagio** = evil
- **la creatura** = creature
- **volante** = flying
- **le squame** = flakes
- **sputava fuoco** = spit fire
- **incendiare** = burn
- **cittadina** = in this context, *small town*
- **gli abitanti** = villagers
- **il cliente assiduo** = regular customer
- **riscaldava** = heated, warmed
- **in esplorazione** = exploring

- **frottola** = lie
- **bugiardo** = liar
- **caraffa** = jar
- **tranguggiò d'un soffio** = he swallowed all at once
- **i clienti assetati** = thirsty clients
- **il bancone** = bar (of the tavern)
- **tremò** = trembled
- **Attenti!** = Look out!
- **il ruggito** = roar, howl
- **si ruppero** = broke
- **Uscite da qui!** = Get out of here!
- **i sordi** = deafs
- **le ali** = wings
- **narrare** = to narrate
- **nessuno mi crede** = nobody believes me
- **approfittò del momento** = used the opportunity
- **in rovina** = in ruins
- **uscirò là fuori** = I'm going out there
- **per alcuni secondi** = for a few seconds
- **adesso basta con le sciocchezze** = enough nonsense
- **non sopporto** = I can't stand
- **senza pudore** = shamelessly
- **senza pagare** = without paying
- **il taccagno** = miser, stingy
- **il lato** = side, place
- **gli scudi** = shields
- **inoffensivo** = inoffensive, harmless
- **terrificanti** = terrifying
- **trasformato** = transformed
- **l'arco** = bow
- **scoccò una freccia** = he shot an arrow
- **atterrò** = he landed

168

Domande a risposta multipla
Seleziona una sola risposta per ogni domanda

1. Il drago viveva in:
    a. Un villaggio
    b. Una città
    c. Una montagna
    d. Una torre
2. La gente pensava che il drago fosse:
    a. Buono
    b. Malvagio
    c. Non lo conosceva
    d. Solo una leggenda
3. Giosuè diceva al cameriere che:
    a. Aveva ucciso un drago
    b. Aveva ucciso due draghi
    c. Aveva conosciuto Ferrg
    d. Aveva conosciuto un altro drago
4. Il cameriere diceva a Giosuè che:
    a. Era un bugiardo
    b. Era un eroe
    c. Era uno stupido
    d. Nessuna delle precedenti
5. Quando Ferrg appare al villaggio:
    a. Giosuè lotta contro di lui
    b. Il cameriere lotta contro di lui
    c. Giosuè va a vederlo
    d. Il cameriere e Giosuè vanno a vederlo

Soluzioni capitolo 1

1. d
2. b
3. c
4. a
5. d

Capitolo 2 – Il fabbro

Giosuè si avvicinò al drago **un passo dopo l'altro**. Era davvero grande! Il cameriere era molto spaventato e quasi non si azzardò ad avvicinarsi.

–Davvero vuoi avvicinarti al drago? È **pericoloso**! – disse a Giosuè.

–Non è pericoloso! Lo conosco.

–Continuo a non crederci!

–Adesso lo vedrai.

La gente correva spaventata per il villaggio. I bambini piangevano sempre di più e le famiglie scappavano. Quando la gente vedeva il drago cominciava a urlare. Ferrg non faceva nulla. Lui rimaneva immobile e **tranquillo** nella piazza del villaggio. Guardava gli umani con curiosità.

Quando Ferrg girò la testa, vide Giosuè camminare verso di lui insieme a un altro uomo.

Ferrg batté le ali velocemente, creando **una corrente d'aria**. La corrente d'aria fece muovere i **capelli** dei due uomini.

–Giosuè! – disse il drago con **voce molto profonda**.

–Ciao, Ferrg!

–Eppure lo sai che non mi piace che mi chiami così.

Il cameriere guardò Giosuè e gli disse:

–Ti conosce!

–Beh, è chiaro che mi conosce. Te l'ho detto mille volte!

Allora era la verità! E perché non gli piace che lo chiami Ferrg? Non è il suo nome quello?

–**Non esattamente**.

Il drago mosse una delle sue enormi zampe in avanti e avvicinò la sua grande testa a quella del cameriere. Il cameriere si spaventò e rimase **paralizzato**.

–Che... Che fa...? – chiese a Giosuè terrorizzato.

–Ti sta osservando... è un drago molto curioso.

–Mi mangerà?

–No! Lui non mangia umani!

Ferrg aprì la bocca per parlare. Aveva l'**alito cattivo**. Il cameriere fece una **faccia disgustata**. Quindi il drago parlò:

–Tu chi sei?

–Io... Io... – disse il cameriere senza poter aggiungere altro.

Giosuè parlò con Ferrg.

–Lui è il cameriere del nostro villaggio.

–Un cameriere! Che cos'è un cameriere? – chiese il drago sorpreso.

–Uno che serve da bere e da mangiare.

–Quindi è un uomo buono!

Il drago mosse nuovamente le sue ali e creò un'altra corrente d'aria.

Il cameriere disse a Giosuè:

–Non è così malvagio come sembra! **Gli sto simpatico**!

Giosuè tornò a parlare con il drago:

–Perché sei venuto qui? Non sei mai voluto venire al villaggio.

–Lo so, però **dovevo avvisarvi** di qualcosa.

Il cameriere chiese di nuovo a Giosuè:

−Perché non gli piace che lo chiamano Ferrg?

−Ferrg è il nome che gli ha dato la gente. Lui non ha quel nome. **Fammi parlare un po' con lui**. Torna alla taverna.

Il cameriere tornò correndo alla taverna. Sbatté la porta e dopo la **chiuse a chiave**.

−Di che **avvertimento** si tratta?

−Sta arrivando un altro drago.

−Un altro drago? Ce ne sono altri come te?

−Sì, ce ne sono altri. Però non siamo così **comuni**. Siamo davvero pochi. Quasi non ci sono più draghi nel **mondo**.

−E perché ci volevi avvertire?

Il drago guardò nel cielo come se cercasse qualcosa. Stava forse **cercando** l'altro drago?

−Può arrivare in qualsiasi momento. Non è un drago buono. È un drago malvagio. Non voglio che faccia del male alla gente **innocente**.

−E che farai?

−Lotterò contro di lui se sarà necessario.

−Tu lo conosci l'altro drago?

−Sì. È molto più antico e grande di me.

Giosuè si fermo a pensare. Più grande di lui... Lui era già enorme! Non poteva immaginare un drago ancora più grande di Ferrg. Credeva che esistesse solo un drago... Alla fine Giosuè gli disse:

−E **cosa vuoi da noi**?

–Ho bisogno che il vostro **fabbro** costruisca un'**arma**.

–Un'arma dici?

–Sì. So già che **materiali** ci serviranno. Però **dobbiamo convincere** il fabbro affinché ci aiuti... E quello non sarà facile! Io non piaccio agli esseri umani... Eppure non ne capisco il perché!

Giosuè su avvicinò un poco di più al drago e si sedette sul **bordo** del **pozzo** che era in mezzo alla piazza.

–Pensano che tu distrugga i villaggi... Lo dicono le leggende. Le leggende raccontano cose terrificanti e malefiche... La gente legge quelle storie e pensa che tutti i draghi siano malvagi.

–Però questo non è vero! Come fanno a dire che io sono cattivo se non mi conoscono?

–Gli umani siamo fatti così... Siamo **diffidenti**.

Il drago grugnì. Dalla sua bocca uscì un po' di fuoco.

–Mi aiuterai, Giosuè?

–Il fabbro vive in **collina**. Tu vola fin là. Io adesso ti raggiungo.

Senza preavviso il drago afferrò Giosuè con una delle sue zampe e volò su in collina dal fabbro.

–Stop! Fermo! Fermati! **Lasciami**! – urlò Giosuè mentre vedeva la terra **rimpicciolirsi** sotto i suoi piedi.

–Tranquillo, Giosuè. Così arriveremo prima!

Il fabbro viveva in collina. Lavorava molto e quando Giosuè e il drago arrivarono, lui stava **forgiando** una **spada**. Il fabbro vide il drago arrivare e non **sembrò** sorpreso. Giosuè rimase **perplesso**.

Il drago si fermò al lato del fabbro e posò Giosuè a terra. Giosuè disse al fabbro:

–Ciao, Martino!

–Ciao, Giosuè!

–Non so se lo vedi, però qui c'è un drago e...

–Lo vedo... Dovrei spaventarmi?

Ferrg disse:

–Un umano che non si spaventa di me!

–Ovvio che non mi spavento di te. So che non sei pericoloso. Mio padre mi ha parlato di te.

–Tuo padre?

–Sì, ti ha conosciuto tanti anni fa.

Giosuè disse al fabbro:

–Martino, ho bisogno che tu fabbrichi una cosa.

–Per che cos'è?

–È un'arma per uccidere un drago.

–Per uccidere un drago? Io non voglio uccidere i draghi!

–Martino, sta arrivando un altro drago ed è malvagio! Se si avvicina al villaggio lo distruggerà completamente.

–Come lo sai?

–Me l'ha detto Ferrg.

Ferrg grugnì di nuovo. Non gli piaceva quel nome. Martino guardò prima il drago e poi Giosuè.

–Va bene! Quali sono i materiali?

Il drago gli spiegò quello che doveva fabbricare.

–Ho tutti i materiali... – disse Martino. –Tranne uno: il **ferro** rosso.

–Che cos'è il ferro rosso? – chiese Giosuè.

–È un materiale molto **pregiato**. Solo il **sindaco** del villaggio ce l'ha. Devi parlare con lui.

Annesso al capitolo 2

Riassunto

Giosuè e il cameriere si avvicinano al drago. Ferrg dice a Giosuè che un altro drago si sta avvicinando al villaggio e che è malvagio. Ferrg vuole difendere il villaggio ed è disposto a combattere contro il nuovo drago. Però ha bisogno di un'arma. Giosuè e il drago chiedono aiuto al fabbro, Martino. L'uomo è disposto a fabbricare l'arma ma gli serve un materiale che solo il sindaco possiede.

Vocabolario

- **un passo dopo l'altro** = step by step, slowly
- **pericoloso** = dangerous
- **tranquillo** = still, calm
- **la corrente d'aria** = stream of air
- **i capelli** = hair
- **riconosciuto** = recognised
- **la voce molto profonda** = very deep voice
- **non esattamente** = not exactly
- **paralizzato** = paralysed
- **l'alito cattivo** = bad breath
- **la faccia disgustata** = disgusted face
- **gli sto simpatico** = he likes me
- **volevo avvisarvi di** = I wanted to warn you about
- **fammi parlare un po' con lui** = let me talk to him for a while
- **chiuse a chiave** = locked (the door) with the key
- **l'avvertimento** = warning
- **comuni** = common, usual

- **il mondo** = world
- **cercando** = searching
- **innocente** = innocent
- **cosa vuoi da noi?** = what do you want from us?
- **il fabbro** = blacksmith
- **l'arma** = weapon
- **i materiali** = materials
- **dobbiamo convincere** = we need to convince
- **il bordo** = edge
- **il pozzo** = well
- **diffidenti** = mistrustful
- **la collina** = hill
- **Lasciami!** = Let me go!
- **rimpicciolirsi** = becoming smaller
- **forgiando** = forging
- **la spada** = sword
- **sembrò** = looked, seemed
- **il ferro** = iron
- **pregiato** = valuable, precious
- **il sindaco** = mayor

Domande a risposta multipla
Seleziona una sola risposta per ogni domanda

6. Il drago voleva avvertire il villaggio dell'arrivo di:
    a. Un cataclisma
    b. Un uomo malvagio
    c. Un drago malvagio
    d. Nessuna delle precedenti
7. Il drago voleva:
    a. Un arco
    b. Un'arma
    c. Delle squame di drago
    d. Nessuna delle precedenti
8. Giosuè disse al drago che:
    a. Dovevano parlare con il sindaco
    b. Dovevano parlare con il drago cattivo
    c. Dovevano ritornare alla taverna
    d. Dovevano andare a parlare con il fabbro
9. Il fabbro:
    a. Non si spaventò del drago.
    b. Si spaventò del drago.
    c. Provò a uccidere il drago.
    d. Nessuna delle precedenti
10. Il fabbro aveva bisogno di:
    a. Ferro rosso
    b. Ferro nero
    c. Ferro giallo
    d. Aveva tutto

6. c
7. b
8. d
9. a
10. a

Capitolo 3 – La daga rossa

Il sindaco era al **municipio** e stava mangiando. Il municipio del villaggio si trovava in un edificio molto grande e vistoso, pieno di **ornamenti**. Il sindaco aveva molti impiegati e **cittadini** che lavoravano per lui.

Dopo aver parlato con il fabbro, Giosuè decise di andare a parlare con il sindaco. Aveva bisogno del ferro rosso per fabbricare l'arma.

Quando Giosuè **stava per** aprire la porta del municipio, il cameriere uscì dalla porta e lo salutò:

–Giosuè!

–Ciao! – gli rispose lui.

–Hai parlato ancora con il drago?

–Sì, abbiamo parlato.

Giosuè non sapeva se raccontargli che Ferrg lo aveva avvertito del pericolo di un altro drago malvagio. Alla gente del villaggio non piacevano i draghi. Non voleva rivelare l'esistenza del drago malvagio per non spaventare nessuno.

–E che ti ha detto? – gli chiese il cameriere.

–Ti dirò un segreto, però non devi dirlo a nessuno.

–Dimmi, Giosuè.

–Hai visto che il drago Ferrg è un drago buono... Beh, ne esiste un altro che è cattivo.

–Un drago cattivo?

–Sì, per favore, non dirlo a nessuno o **diffonderai il panico**.

–Non ti preoccupare! Starò zitto. Vado alla taverna. A presto, Giosuè. Parliamo più tardi.

Giosuè aprì la porta del municipio e chiese ad una guardia di vedere il sindaco.

–È una **questione molto importante** – gli disse.

La guardia accompagnò Giosuè nelle **stanze** del sindaco. Lui era seduto e stava mangiando una **coscia di pollo**.

–Che vuoi? – gli domandò il sindaco.

–Voglio parlare con lei, sindaco.

–**Sbrigati, ho da fare**!

Giosuè **andò dritto al punto** e gli raccontò la storia di Ferrg e del drago cattivo.

–Ho bisogno del ferro rosso per fabbricare l'arma e aiutare Ferrg.

–Vuoi il ferro rosso? Il ferro rosso è molto **costoso**! Non mi fido di quel drago!

–Lui è buono!

–**Non ci credo**!

Allora Giosuè **non ebbe altra scelta**. Sulla **schiena**, portava un arco. Era lo stesso arco che aveva usato la prima volta per chiamare Ferrg. Tirò fuori l'arco e scoccò una freccia dalla finestra.

Ferrg arrivò subito sul **tetto** del municipio e **infilò** la testa attraverso finestra. I vetri della finestra si ruppero.

–Ferro rosso, per favore!

Giosuè rise e disse al sindaco:

–**Glielo dia**!

Il sindaco fece portare nelle stanze un piccolo **carico** di ferro rosso e lo diede al drago.

–Pagherai per questo, Giosuè! – disse il sindaco che si era molto arrabbiato.

Il drago volò via e portò il carico dal fabbro Martino per iniziare a fabbricare l'arma. Giosuè scappò di corsa dal municipio e dal villaggio. Le guardie del sindaco lo **inseguivano**.

Ferrg finalmente ottenne l'arma che Martino aveva fabbricato. Era una daga rossa. Il fabbro gli disse:
–Drago, **fa' attenzione** con quest'arma.
–Grazie Martino!

Il drago malvagio comparve improvvisamente nel **cielo**. Era **il doppio di** Ferrg.
–Vai, drago! – gli urlò Martino.

Ferrg volò incontro al drago cattivo. **All'inizio**, il drago malvagio non sapeva se Ferrg fosse un amico o **nemico**, però quando vide la daga rossa, provò a **rubargliela**.

Ferrg **lottò** contro il drago malvagio. Lottarono per qualche minuto e alla fine Ferrg **infilzò** la daga rossa nel **corpo** del drago malvagio. Il drago malvagio precipitò in un **bosco** vicino al villaggio.

Sfortunatamente anche Ferrg morì nella battaglia. La daga rossa sparì dal corpo del drago malvagio. Giosuè trovò il drago nel bosco e recuperò la daga. Poi disse:
–Finalmente ho la daga rossa nelle mie mani!

183

Il piano di Giosuè era sempre stato quello. Giosuè era un'antica guardia imperiale. La capitale dell'impero si trovava molto lontano da quel villaggio. L'imperatore stava cercando ferro rosso da molto tempo però non sapeva dove trovarlo. Con il ferro rosso si potevano fabbricare armi **estremamente potenti**, come la **daga** rossa.

Giosuè scappò dal villaggio ed entrò nella capitale dell'impero. Lì, consegnò la **daga** rossa all'imperatore e lui gli disse:
    –Sei stato un ottimo servitore, Giosuè.
    –Grazie, **imperatore**.
    –Dimmi, i due draghi sono morti?
    –Sì, lo sono.
    –Qualcuno **sospetta** di te?
    –No, non credo.

Dunque l'imperatore disse:
    –Hai compiuto la tua missione, Giosuè. Prendi l'**oro** che ti avevo promesso. **Puoi andare**.

Giosuè sentì una **punta di pentimento** per Ferrg. In realtà **si era affezionato a lui**. Lasciò la capitale per non tornare mai più... Una **lacrima** scese dai suoi occhi... E per molti anni non si videro più draghi da quelle parti.

Annesso al capitolo 3

Riassunto

Giosuè chiede al sindaco il ferro rosso per fabbricare l'arma. Il sindaco non vuole darglielo perché è un materiale costoso. Allora Giosuè chiama Ferrg. Il sindaco si spaventa, dà a Ferrg il ferro rosso e lui lo porta da Martino. Il fabbro costruisce una daga rossa. Ferrg lotta contro il drago malvagio e i due muoiono durante il combattimento. Giosuè recupera la daga rossa e la consegna all'imperatore. Il suo piano era sempre stato quello di ottenere il ferro rosso per portarlo all'imperatore.

Vocabolario

- **la daga** = dagger
- **il municipio** = town hall
- **gli ornamenti** = ornaments
- **i cittadini** = subjects
- **stava per** = was about to…
- **diffonderai il panico** = you will spread panic
- **la questione molto importante** = very important matter
- **le stanze** = chambers
- **la coscia di pollo** = chicken thigh
- **sbrigati** = be quick
- **ho da fare!** = I'm busy!
- **andò dritto al punto** = he didn't beat around the bush
- **costoso** = expensive
- **Non ci credo!** = I don't believe that!

- **non ebbe altra scelta** = had no other option
- **la schiena** = back
- **il tetto** = roof
- **infilò** = in this context, *he put his head through/inside the window*
- **Glielo dia!** = Give it (to him)!
- **il carico** = cargo
- **inseguivano** = chase
- **fa' attenzione** = be careful
- **il cielo** = sky
- **il doppio di** = twice as big (as)
- **all'inizio** = at first
- **il nemico** = enemy
- **rubargliela** = to steal it from him
- **lottò** = he fought
- **infilzò** = he stabbed
- **il corpo** = body
- **il bosco** = forest
- **sfortunatamente** = unfortunately
- **estremamente potenti come** = extremely powerful like...
- **l'imperatore** = the emperor
- **morti** = dead
- **sospetta** = he/she is suspicious of
- **l'oro** = gold
- **puoi andare** = you can go
- **una punta di rimpianto** = a little regret, remorse
- **si era affezionato a lui** = he had grown fond of him
- **la lacrima** = tear

Domande a risposta multipla
Seleziona una sola risposta per ogni domanda

11. Per parlare con il sindaco, Giosuè va:
    a. Al municipio
    b. Nel bosco
    c. Nella capitale
    d. Nella bottega del fabbro
12. Prima di entrare al municipio, parlò con:
    a. Martino
    b. Ferrg
    c. Il drago malvagio
    d. Il cameriere
13. Il sindaco:
    a. Non aveva ferro rosso
    b. Non voleva aiutare Giosuè
    c. Aiutò Giosuè ad una condizione
    d. Nessuna delle precedenti
14. Il fabbro costruì:
    a. Un arco rosso
    b. Una daga rossa
    c. Una spada rossa
    d. Una freccia rossa
15. Il piano di Giosuè era sempre stato quello di:
    a. Uccidere Ferrg
    b. Uccidere i due draghi
    c. Rubare il ferro rosso per l'imperatore
    d. Nessuna delle precedenti

11. a
12. d
13. b
14. b
15. c

7. Terre Sconosciute

Capitolo 1 – Nuove terre

Centinaia e centinaia di anni fa esisteva un villaggio di vichinghi. Quel villaggio si chiamava Asglor. I vichinghi vivevano nel nord Europa e le loro terre erano molto fredde e **poco fertili**. **Si dice** che, **in parte**, sia questo il motivo per cui i vichinghi cercavano sempre nuove terre.

Nel villaggio di Asglor viveva un ragazzo che non poteva avere più di vent'anni e che si chiamava Thoric. Thoric era molto forte e **coraggioso** per la sua età ed era un ragazzo davvero **maturo**. Era **molto alto**, aveva i capelli castani e lunghi, un naso prominente, una bocca grande e braccia e gambe forti.

Thoric era stato **a caccia** come ogni giorno e al suo ritorno incontrò l'esploratore Niels. Niels era solito trascorrere molto tempo lontano dal villaggio di Asglor. Andava a esplorare nuove terre da poter **coltivare**.

Il villaggio di Asglor era molto tranquillo. Anche se era ancora mattina presto. Il sole aveva una **luce debole**. Niels vide Thoric tornare dalla caccia. Lo salutò con la mano e gli fece un gesto.

–Thoric!
–Ciao, Niels! Sei ancora qui al villaggio?
–Sì, ragazzo. Rimango al villaggio per due giorni.

–E dopo dove andrai?

–Non lo so, il capo Eskol dice che è un posto molto **lontano**.

Thoric rispettava Eskol, il suo capo. Lui era un uomo molto imponente, con dei capelli lunghissimi come nessun altro e aveva grandi **muscoli**. La sua voce era molto profonda. Lo rispettava, però Eskol era anche un uomo molto **severo** e a volte piuttosto crudele. Thoric **era sicuro** che **in fondo** il capo doveva essere un uomo buono e semplice.

–Il capo Eskol ha nuovi piani? – chiese Thoric.

–Sì. Però non ha detto quali sono... Ha detto solamente che **questa volta** bisogna esplorare molto lontano.

Il capo Eskol **inviava pattuglie** a esplorare fuori dal villaggio. Il villaggio era in un sito piccolo, **sui fianchi delle montagne** e vicino a un piccolo rio che portava al mare. Purtroppo in inverno, quando gli animali emigravano, il cibo **scarseggiava**. Il capo Eskol voleva trovare nuove terre da coltivare.

–Non voglio più soffrire per la **scarsezza** di cibo! – disse Thoric a Niels.

–Neanch'io! I miei figli hanno bisogno di mangiare. Non posso dargli sempre **carne**.

Thoric non aveva mai conosciuto i figli di Niels, però sapeva chi erano. Un paio di volte, avevano preso parte alle **spedizioni** con il resto del gruppo.

−Niels, **vado a vedere se la mia famiglia** riesce a vendere la carne degli animali che ho cacciato oggi.

−Va bene, ragazzo.

Thoric andò a casa sua e parlò con i suoi genitori e sua sorella. La sua era una famiglia di **contadini. Si guadagnavano da vivere coltivando** la poca terra che potevano e vendendo la carne degli animali che Thoric cacciava.

Quella notte Thoric non dormì bene. Pensò tanto. Pensava a quello che aveva in mente il capo Eskol. Perché tanto mistero? Verso quali terre misteriose era diretta la nuova spedizione?

Duo giorni dopo Thoric tornò a cacciare. **Ogni volta trovava meno animali** nelle montagne. L'inverno era vicino ed era sempre più difficile trovare **grandi prede**. Quando ritornò dalla caccia, incontrò di nuovo Niels. Questa volta sembrava nervoso.

−Thoric! Vieni, presto!

−Che succede, Niels? Perché tanta fretta?

−Il capo Eskol ha chiamato tutto il villaggio.

−Rivelerà i suoi piani?

−Sicuramente sì! Andiamo! **Lascia quello a casa** e andiamo!

Thoric andò a casa sua e lasciò lì gli animali che aveva cacciato. La sua famiglia non c'era. Erano andati prima di lui a sentire il **discorso** del capo Eskol. Niels lo aspettava fuori e sperava di incontrare la sua famiglia nel frattempo.

–La mia famiglia non è qui – gli disse Thoric. – Saranno al Gran Salone.

Il Gran Salone era la casa del capo Eskol. Lì viveva con sua moglie e i suoi quattro figli. Diversi lavoratori **si occupavano** della famiglia e delle **questioni del villaggio**.

Il Gran Salone era un edificio di legno, molto **spazioso**, con decorazioni e statue delle **divinità** che i vichinghi **pregavano**. Dentro il Gran Salone si tenevano anche **riunioni**. Quando c'era qualche questione importante da comunicare al villaggio, il capo Eskol riuniva tutti quanti lì. **E così aveva fatto questa volta.**

Thoric e Niels entrarono nel Gran Salone. C'era molta gente e faceva caldo. Non sembrava che fuori fosse quasi inverno. Tutta la gente del villaggio era riunita lì, in attesa. Il capo Eskol non c'era, però c'era sua moglie, seduta su una sedia. I suoi quattro figli, tre bambini e una bambina, erano in un angolo del salone e stavano giocando.

Quando il capo Eskol comparve, tutti si zittirono. Era un uomo che **incuteva timore**, però amava il suo popolo, **nonostante** fosse molto severo.

Cominciò a parlare:
–Cari abitanti di Asglor... Per molti inverni abbiamo sofferto la fame. Sappiamo bene che il cibo a nostra disposizione non è sufficiente in inverno. Per questo gli esploratori ed io **abbiamo preso una decisione**.

La gente iniziò a mormorare.

−**Navigheremo verso ovest**. Qui vicino non ci sono più terre **prosperose,** però al di là del **mare** sì.

Niels disse:
−Però capo, si sa se c'è davvero terra a ovest?
−Lo sappiamo.
−Come? Nessuno di noi l'ha vista.

Il capo Eskol guardò il suo popolo, che a sua volta lo guardava con **preoccupazione**. Finalmente disse:
−Un uomo... un vichingo è stato colui che me l'ha detto. Era andato in viaggio a ovest e aveva trovato la terra. Al rientro al villaggio di Asglor morì, però prima di **morire** era riuscito a raccontarmi tutto.

La gente continuò a guardare Eskol con preoccupazione.
−Amato popolo di Asglor, so che non è molto... però dobbiamo **rischiare**. Partiremo **tra un mese**.

Annesso al capitolo 1

Riassunto

Thoric è un cacciatore vichingo. Vive in un villaggio chiamato Asglor, un villaggio sul fianco delle montagne e vicino a un fiume che porta al mare. Il villaggio di Asglor lo governa il capo Eskol e Niels è il suo esploratore capo. Niels conosce Thoric da tanto tempo. Il capo Eskol annuncia al suo popolo che bisogna navigare a ovest per trovare terre nuove. L'inverno sta arrivando e c'è già poco cibo a disposizione.

Vocabolario

- **poco fertili** = not very fertile
- **si dice** = it is said
- **in parte** = in part, partly
- **coraggioso** = brave
- **maturo** = mature, wise
- **molto alto** = very tall
- **a caccia** = hunting
- **coltivare** = to cultivate
- **la luce debole** = dim light
- **lontano** = distant, far
- **i muscoli** = muscles
- **severo** = strict
- **era sicuro** = (he) was sure
- **in fondo** = in essence
- **questa volta** = this time
- **inviava pattuglie** = he sent patrols
- **sui fianchi delle montagne** = mountainsides

- **scarseggiava** = be in short supply
- **la scarsezza** = shortage
- **la carne** = meat
- **le spedizioni** = expeditions
- **vado e vedere se la mia famiglia…** = I'm going to see if my family…
- **i contadini** = farmers
- **si guadagnavano da vivere** = (they) made a living
- **coltivando** = farming
- **ogni volta trovava meno animali** = each time he could find fewer animals
- **le grandi prede** = big prey
- **lascia quello a casa** = leave that at home
- **il discorso** = talk, speech
- **si occupavano** = they looked after
- **le questioni del villaggio** = village matters
- **spazioso** = spacious
- **le divinità** = gods
- **pregavano** = they prayed
- **e così aveva fatto questa volta** = and so he had done this time
- **incuteva timore** = he commanded (respect)
- **nonostante** = despite the…
- **abbiamo preso una decisione** = we've come to a decision
- **navigheremo** = we'll going to sail
- **prosperose** = prosperous
- **il mare** = sea
- **la preoccupazione** = concern, worry
- **morire** = to die
- **rischiare** = to take risks
- **tra un mese** = in one month

Domande a risposta multipla
Seleziona una sola risposta per ogni domanda

1. Thoric è:
     a. Un esploratore
     b. Un cacciatore
     c. Un capo
     d. Un contadino
2. Niels è:
     a. Un esploratore
     b. Un cacciatore
     c. Un capo
     d. Un contadino
3. Il piccolo villaggio di Asglor si trova:
     a. Al lato di un deserto
     b. A lato di un mare
     c. A lato delle montagne
     d. In mezzo al mare
4. Eskol è:
     a. Il capo esploratore
     b. Un sacerdote
     c. Un contadino
     d. Il capo del villaggio
5. Eskol vuole:
     a. Viaggiare verso est
     b. Viaggiare al nord
     c. Viaggiare al sud
     d. Viaggiare verso ovest

Soluzioni capitolo 1

1. b
2. a
3. c
4. d
5. d

Capitolo 2 – Il mare

Trascorse un mese. Quel mese **si fece molto lungo** perché l'inverno era ormai vicino. La gente di Asglor voleva avere qualcosa di buono da mangiare e non soffrire più a causa della scarsezza di **cibo**. Le imbarcazioni erano **quasi pronte**.

Niels supervisionava la **costruzione** delle barche in un bosco vicino al villaggio. Era un bosco molto vicino al mare. Il capo Eskol **di tanto in tanto** andava a controllare i progressi.

–Dimmi, Niels... – chiese Eskol. –Quando potremo **salpare**? Vedo che alcune barche sono già pronte sul fiume... Dobbiamo salpare al più presto!
–Non lo so, capo, forse tra una settimana, o anche meno.
–Solo una settimana? Eccellente!
–Sì, il **legno** è buono e i costruttori sono molto **abili**.

Il capo Eskol fece un secondo discorso nel Gran Salone per decidere chi sarebbe partito e chi no. Nelle **imbarcazioni** c'era posto solo per 75 persone. Uno per uno, ci furono volontari che **alzarono la mano**. La maggior parte erano guerrieri. I **guerrieri** erano molto ben allenati.

Però anche Thoric voleva partire. Era un cacciatore molto abile e convinse il capo Eskol a farlo andare con loro:
–Quando sarete in quelle terre lontane non sapete che cibo troverete... Avrete bisogno di cacciatori e io posso cacciare per voi... – gli disse.
–Va bene, Thoric. Verrai con noi.

Thoric **non vedeva l'ora** di partire. Aveva una gran voglia di salpare con il resto della spedizione verso terre lontane!

Quando arrivò il giorno, Niels, Thoric, il capo Eskol e il resto dei vichinghi salirono sulle navi. Prima di imbarcarsi però pregarono gli dei e salutarono le loro famiglie e il resto del villaggio. La moglie di Thoric governava il villaggio quando lui era lontano.

Giorni più tardi, i vichinghi erano ancora in viaggio verso l'ovest. Le tre barche erano perfette e tutti sembravano contenti. I giorni trascorrevano **senza novità**.

Due settimane più tardi, le barche continuavano ad andare, però non si vedeva nessuna terra. Si vedeva solo acqua. Né si vedevano **uccelli**. Alcuni vichinghi cominciarono a fare domande al capo Eskol.

–Capo Eskol, sei sicuro che ci sia terra a ovest?
–Sono estremamente sicuro.
–Che succede se non troviamo terra?

Il capo Eskol gridò con furia:
–**Troveremo la terra**! Chiaro?
–Però... Però...
–**Togliti dai piedi**!

Era un buon capo, però la sua **personalità** era molto forte e non gli piacevano le domande. Era lui che comandava e non gli piaceva che gli si facessero troppe domande. Parlò con il resto dell'equipaggio:

—A ovest c'è la terra! Lo so!

Gli altri vichinghi non chiesero più nulla e continuarono a **remare**.

Quello stesso giorno e quasi all'improvviso cominciò a piovere e l'acqua sotto le barche cominciò ad **agitarsi**. Le imbarcazioni potevano appena **mantenere la rotta**. Il mare era in **burrasca**. I capitani delle tre navi cercarono di **mantenere le tre imbarcazioni vicine**. E ci riuscirono. Però la pioggia e la tormenta **gli fece cambiare rotta**.

Giorni dopo, mentre tutti dormivano, Thoric vide qualcosa nel **cielo**. All'inizio **pensò di stare sognando** però dopo aprì bene gli occhi.

Cercò Niels **nell'oscurità** e lo svegliò:
—Niels, svegliati! Dobbiamo avvisare il capo Eskol!
—Che succede? – chiese l'esploratore senza aprire gli occhi.
—Ci sono degli uccelli nel cielo!
—E allora?
—La terra è vicina!

Niels aprì gli occhi e vide che Thoric **indicava** il cielo. Anche lui vide gli uccelli.
—Per tutti gli dei! È vero!

Niels si alzò e andò a parlare con il capo. Thoric andò con lui.
—Capo Eskol, svegliati!

Il capo Eskol si svegliò con la stessa **espressione** che aveva durante il giorno.

–Niels? Thoric? Che succede?

–Ci sono degli uccelli nel cielo! – disse Thoric. – C'è la terra!

Il capo Eskol **si svegliò di colpo** e urlò ai capitani delle tre barche.

–C'è da remare! Andiamo! Svegliatevi tutti! La terra è vicina!

Remarono **con forza** e finalmente avvistarono la terra.

Thoric e Niels sorrisero. Il capo Eskol non sorrise. Lui non sorrideva mai.

Il capo Eskol comandò ai capitani delle imbarcazioni di fermarsi in una **spiaggia** vicina. La spiaggia era molto grande e c'erano molti alberi e **colline** nelle vicinanze. Era un luogo bellissimo.

I vichinghi scesero dalle navi e camminarono sulla spiaggia.

Thoric parlò con Niels:

–Niels, che posto è questo?

–Non lo so, Thoric, non **assomiglia** a nessuno degli altri posti dove sono mai stato.

–Dobbiamo esplorare la spiaggia più in là.

–Sono d'accordo.

Thoric e Niels parlarono con il capo Eskol e **organizzarono piccoli gruppi**.
Il capo Eskol disse:

–Abbiamo bisogno di cibo. **Non ci rimane quasi più nulla**. Dovete cacciare tutti gli animali che trovate!

Thoric e Niels cacciarono insieme, però gli animali che c'erano non erano come gli animali che avevano sempre cacciato. Quando li mangiarono, la loro carne aveva un **sapore diverso**. Anche alcuni degli alberi sembravano diversi da quelli che avevano sempre visto.

Di notte, sulla spiaggia, il capo Eskol parlò ai vichinghi:

−Abbiamo da mangiare, però adesso dobbiamo esplorare questo posto. **Dobbiamo sapere** se questa terra è **adatta per la coltivazione**. Se si può coltivare, ci raggiungeranno gli altri vichinghi.

Uno dei vichinghi disse:

−Come facciamo a sapere dove siamo? La tormenta ci ha portato **lontano dalla nostra rotta originale**.

Il capo Eskol rimase in silenzio per diversi minuti. Era una delle poche volte che non poteva rispondere niente. Alla fine non disse nulla. Anche lui sembrava **confuso** e **sperso**. Alla fine disse:

−Dobbiamo esplorare questo luogo. Cominceremo domani **all'alba**!

Annesso al capitolo 2

Riassunto

I vichinghi costruiscono le barche per viaggiare verso ovest. Il capo Eskol dice che lì troveranno nuove terre. Le barche sono molto resistenti. Si scelgono gli uomini che partiranno e Thoric a Niels fanno parte della spedizione, insieme al capo Eskol. Finalmente arriva il giorno della partenza. Dopo aver salutato tutti, gli uomini iniziano la navigazione. All'improvviso, incontrano una tormenta che gli fa cambiare la rotta. Dopo settimane in mare finalmente avvistano la terra e i vichinghi scendono dalle barche per esplorare il luogo. Gli animali e le piante del posto sono sconosciuti ed esotici.

Vocabolario

- **trascorse** = passed (time)
- **si fece molto lungo** = became very long
- **il cibo** = the food
- **quasi pronte** = almost finished
- **la costruzione** = building, making
- **di tanto in tanto** = from time to time
- **salpare** = to weigh anchor, to set sail
- **il legno** = wood
- **abili** = skilful
- **le imbarcazioni** = boats, ships
- **alzarono la mano** = they raised their hands
- **i guerrieri** = warriors
- **da quel momento** = since then
- **non vedeva l'ora** = he couldn't wait, excited

- **senza novità** = with no changes, nothing new
- **due settimane più tardi** = two weeks later
- **gli uccelli** = birds
- **Troveremo la terra!** = We're going to find land!
- **togliti dai piedi** = move out of my sight
- **la personalità** = character, personality
- **remare** = rowing, paddling
- **agitarsi** = to shake
- **la burrasca** = storm
- **mantenere le tra imbarcazioni vicine** = keep the three ships together
- **gli fece cambiare la rotta** = it changed their course
- **il cielo** = sky
- **pensò di stare a sognare** = he thought he was dreaming
- **nell'oscurità** = through the darkness
- **indicava** = pointed
- **l'espressione** = expression
- **si svegliò di colpo** = woke up quickly
- **con forza** = with lots of strength
- **la spiaggia** = beach
- **le colline** = hills
- **assomiglia** = is similar to
- **organizzarono piccoli gruppi** = they organized small groups
- **non ci rimane quasi più nulla** = there's barely anything left
- **il sapore diverso** = different taste
- **dobbiamo sapere** = we have to know
- **adatta per la coltivazione** = appropiate to cultivate
- **lontano dalla nostra rotta originaria** = far from our original course
- **confuso** = confused

- **sperso** = lost
- **cominceremo** = we'll begin
- **all'alba** = at dawn

Domande a risposta multipla
Seleziona una sola risposta per ogni domanda

6. Alla spedizione prendono parte:
    a. 50 vichinghi
    b. 60 vichinghi
    c. 75 vichinghi
    d. 85 vichinghi
7. Nella spedizione ci sono:
    a. 2 barche
    b. 3 barche
    c. 4 barche
    d. 5 barche
8. Quando il capo Eskol abbandona il villaggio, lo governa:
    a. Niels
    b. Thoric
    c. Sua moglie
    d. Un altro esploratore
9. A metà del viaggio incontrano:
    a. Dei pirati
    b. Una rivoluzione
    c. Altri vichinghi sconosciuti
    d. Una tormenta
10. La spiaggia è strana perché
    a. Ci sono animali e alberi sconosciuti
    b. Ci sono altri vichinghi sconosciuti
    c. Non c'è da mangiare
    d. Fa molto caldo

6. c
7. b
8. c
9. d
10. a

Capitolo 3 – La decisione

Tutti i vichinghi si svegliarono all'alba e **fecero colazione**. Avevano ancora pochi **viveri** del viaggio e la carne degli animali sconosciuti cacciati in quel luogo. Thoric si svegliò e andò a parlare con il capo Eskol.

–Ciao, capo.
–Ciao, Thoric. Vuoi qualcosa?
–Voglio parlare con te.
–Dimmi.

Thoric voleva **chiarire** diverse cose.

–All'inizio del viaggio, gli uomini **dubitavano**. Facevano tante domande perché non sapevano se ci fosse davvero la terra a ovest... Però alla fine ti sei dimostrato un capo responsabile e siamo arrivati su questa terra.
–Sì. **Arriva al dunque**, Thoric.
–L'uomo che ti aveva detto della terra a ovest... Chi era?
–Vuoi sapere chi era quell'uomo?
–Sì, esatto.

Il capo Eskol **si guardò attorno**.
–Che succede? – chiese Thoric.
–Dov'è Niels?
–Sta facendo colazione, credo.
–Va bene, l'uomo che mi ha raccontato tutto era suo padre.
–Suo padre?

Thoric fu molto sorpreso. Il padre di Niels era quell'uomo **misterioso**?

–Pensavo che il padre di Niels fosse morto durante una spedizione a est.

–Era una missione segreta. **Nessuno sapeva nulla**. Io l'avevo inviato a ovest.

–L'hai inviato qui? L'hai mandato da solo?

–L'ho mandato verso ovest **insieme ad** altri tre uomini. Sono morti tutti. Il padre di Niels morì al ritorno al villaggio.

–Come facevi a sapere che avrebbero trovato terra ad ovest?

–È stato un mio **presentimento**. Se Niels lo venisse a sapere **non me lo perdonerebbe mai**.

Thoric guardò Niels che si stava svegliando.

Il capo Eskol prese Thoric per il braccio.

–Non devi dirgli niente! Niels è il migliore esploratore che abbiamo. Ha seguito i buon **insegnamenti** di suo padre. **Non possiamo permettere** che adesso **si distragga**.

Thoric acconsentì.

–Capito.

–Adesso dobbiamo uscire da questa spiaggia.

Poco dopo tutti i vichinghi presero **asce** e **scudi** e attraversarono la **selva** vicina alla spiaggia. Il luogo era enorme. Niels **guidava** il gruppo, esplorava e li avvisava su tutto quello che incontrava.

Era già **mezzogiorno** e il **sole picchiava forte**. Faceva molto caldo. Molti uomini **si tolsero le armature**.

All'improvviso dietro a una collina videro un villaggio. Niels fece un gesto con la mano e tutto il gruppo **si fermò** sulla collina. Il villaggio sembrava così diverso da quelli che avevano sempre visto. Per i vichinghi quelle case erano strane. C'erano uomini, donne e bambini con **abbellimenti** sul corpo e la pelle più scura. Portavano vestiti curiosi e **parlavano** una lingua molto **bizzarra**.

Il capo Eskol scese la collina per primo. Il resto del gruppo lo seguì.

All'inizio i **nativi** si spaventarono molto e alcuni corsero nelle loro case, però il capo Eskol **li tranquillizzò**.

–**Non vogliamo farvi del male**! – disse.

Il capo del villaggio comparve davanti a lui e gli offrì qualcosa da bere. Il capo Eskol bevve. Era acqua.

I vichinghi parlarono a gesti con la gente di quel villaggio per diverse ore e riuscirono a capirono molte cose.

Il capo Eskol riunì i vichinghi e gli disse:

–Uomini, dobbiamo prendere una decisione. La verità è che non sappiamo dove siamo. Io devo confessarvi che non so come fare a ritornare al nostro villaggio.

I vichinghi rimasero in silenzio per alcuni minuti.

Il capo Eskol continuò a parlare:

–Ho pensato che sarebbe meglio fermarsi a vivere qui.

–Come? – disse Thoric.

–**Sul serio**? – disse Niels.

Il capo Eskol guardò i nativi e disse:

—Questa buona gente conosce la terra e la **natura**. Ci hanno offerto di rimanere qui. **Non abbiamo altra scelta**... Non possiamo tornare a casa.

—Abbandoneremo le nostre famiglie? – disse un vichingo.

—Guarda le nostre imbarcazioni! La tormenta le ha **distrutte**.

Il vichingo che aveva parlato sapeva che il suo capo aveva ragione. Non avevano scelta. Dovevano rimanere a vivere lì. Il capo Eskol continuò a parlare.

—Ovviamente, **chi vuole andarsene** può farlo. A partire da questo momento, non sono più il vostro capo, sono solo uno di voi.

Nei giorni seguenti si formarono due gruppi.

Un gruppo decise di rimanere nelle nuove terre, però l'altro gruppo voleva tornare a casa nonostante le barche fossero **in cattive condizioni**.

Il secondo gruppo decise di abbandonare le nuove terre e provare a ritornare al villaggio, mentre il primo gruppo li guardava salpare.

Il capo Eskol parlò con Thoric a Niels attorno ad un **fuoco**.

—Mi dispiace molto!

—Non importa, capo. Tu volevi qualcosa di meglio per il nostro villaggio. Le cose non sono andate come speravamo. Però questo è un buon posto per vivere! – gli disse Thoric.

—Io continuerò a esplorare, capo. Non ti preoccupare... **Saremo felici**! – disse Niels.

I vichinghi erano in America e la gente del luogo era nativi americani, però ovviamente loro non lo seppero mai.

Settimane più tardi, una barca di vichinghi comparve all'**orizzonte** del villaggio di Asglor. La moglie del capo Eskol fissò la barca, sperando di vedere suo marito.

Annesso al capitolo 3

Riassunto

Il capo Eskol confessa a Thoric che chi gli aveva detto dell'esistenza delle terre a ovest era stato il padre di Niels. Il gruppo di vichinghi incontra i nativi delle nuove terre e il capo dice ai suoi uomini che il ritorno al villaggio è troppo pericoloso. Per questo la soluzione migliore è quella di rimanere a vivere lì. Un gruppo di vichinghi rimane a vivere lì e l'altro gruppo prova a tornare a casa con le barche rotte. La nuova terra scoperta è in America ma i vichinghi non lo sapranno mai. Solo una barca riesce a tornare al villaggio di Asglor.

Vocabolario

- **fecero colazione** = they had breakfast
- **i viveri** = supplies
- **chiarire** = to clarify
- **dubitavano** = they doubted
- **arriva al dunque** = get to the point
- **si guardò attorno** = he looked around
- **misterioso** = mysterious, enigmatic
- **nessuno sapeva nulla** = nobody knew anything
- **insieme a** = together with
- **il presentimento** = premonition
- **non me lo perdonerebbe mai** = he would never forgive me
- **gli insegnamenti** = teachings
- **non possiamo permettere** = we can't allow
- **si distragga** = he would get distracted

- **le asce** = axes
- **gli scudi** = shields
- **la selva** = rainforest, jungle
- **guidava** = he was the frontrunner
- **mezzogiorno** = midday
- **il sole picchiava forte** = it was very hot
- **si tolsero le armature** = they took off their armours
- **si fermò** = it stopped
- **gli abbellimenti** = ornaments
- **parlavano** = they spoke
- **bizzarra** = very strange, odd
- **i nativi** = natives
- **li tranquillizzò** = he reassured them
- **Non vogliamo farvi del male!** = We don't want to hurt you!
- **Sul serio?** = Seriously?
- **la natura** = nature
- **non abbiamo altra scelta** = we have no other choice
- **distrutte** = destroyed
- **chi vuole andarsere** = whoever wants to leave
- **nei giorni seguenti** = in the following days
- **in cattive condizioni** = in bad shape, state
- **il fuoco** = campfire
- **io continuerò a esplorare** = I'll keep exploring
- **saremo felici** = we'll be happy
- **l'orizzonte** = horizon

Domande a risposta multipla
Seleziona una sola risposta per ogni domanda

11. L'uomo che aveva detto al capo Eskol delle terre a ovest era:
    a. Il padre di Eskol
    b. Il padre di Thoric
    c. Il padre di Niels
    d. Nessuna delle precedenti
12. Quando esplorarono le terre incontrarono:
    a. Nuovi animali
    b. Un gruppo di vichinghi
    c. Un gruppo di nativi
    d. Nessuna delle precedenti
13. Si formarono due gruppi di vichinghi perché:
    a. Avevano fame
    b. Volevano combattere
    c. Volevano continuare l'esplorazione
    d. Nessuna delle precedenti
14. Il capo Eskol decide:
    a. Di tornare al villaggio
    b. Di continuare l'esplorazione
    c. Di rimanere
    d. Di combattere
15. Nel villaggio di Asglor compare:
    a. Una barca
    b. Due barche
    c. Tre barche
    d. Nessuna delle precedenti

11. c
12. c
13. d
14. c
15. a

8. Laura, la Donna Invisibile

Capitolo 1 – L'incidente

Laura era una donna di mezza età. Lavorava come **amministratrice** in un **ufficio** a Roma, la capitale d'Italia. Lavorava molto e finiva sempre **molto tardi**. Il suo **stipendio** non era male, però lei avrebbe voluto uno stipendio migliore. I fine settimana usciva con un gruppo di amiche e amici per **trascorrere il pomeriggio** insieme o le serate nel suo locale preferito.

Roma è una città con molta cultura, ricca di diversità e di gente da tutto il mondo. Ogni volta che Laura faceva delle passeggiate in città **si rendeva conto** della grande varietà di cose che Roma aveva da offrire e questo le piaceva molto. Però, altre volte, cercava un po' di tranquillità e per questo, alcuni fine settimana preferiva andare in **periferia**.

Un giorno, era un fine settimana **come un altro**, Laura **guidò** la macchina con a bordo altre due persone: un amico e un'amica. Si chiamavano Nicola ed Elvira. Erano amici **d'infanzia** di Laura.

Laura fermò la macchina alla periferia di Roma. Erano in mezzo alla natura, c'erano parchi e giardini dove poter fare un buon barbecue.
—Dove siamo, Laura? – chiese Nicola.
—Siamo alla periferia di Roma. Qui si possono fare grigliate.

–Abbiamo abbastanza cibo per la grigliata?

–Sì, è in macchina. Andiamo a prendere le **borse**.

Laura, Nicola ed Elvira scesero le borse dalla macchina e iniziarono a preparare il barbecue. Elvira provò ad **accendere il carbone** per cucinare il cibo sul **fuoco**.

Laura ricordò di **dover fare una chiamata** col **cellulare**, così disse ai suoi amici: –Nicola, Elvira. Torno subito. Devo fare una chiamata **di lavoro**.

–Tu lavori sempre, anche i fine settimana! – disse Nicola.

–Ha ragione Nicola! – disse Elvira. –**Dovresti riposare di più**. Lavori molto. I fine settimana devi staccare.

–Avete ragione! – rispose Laura. –Però devo fare questa chiamata...

Laura **si allontanò** dal gruppo e andò verso degli alberi nelle vicinanze. Gli alberi erano molto alti ed era già quasi sera. Non si vedeva quasi nulla. Chiamò il suo **capo** e gli ricordò varie cose di lavoro. Cose che erano successe quella settimana e cose da fare **per la settimana seguente**.

Ad un certo punto **notò** qualcosa. Tra i rami degli alberi, **in mezzo**, c'era una **strana luce che** non riusciva a identificare. Laura **terminò la chiamata** e posò il cellulare nella borsa.

Si avvicinò alla luce. La luce **proveniva** da un piccolo oggetto, molto strano, che era tra i rami. Laura toccò l'oggetto e la luce **si spense**. Non sapeva che oggetto fosse così lo lasciò **dov'era**.

Laura tornò dov'erano i suoi amici e si ricordò un'altra cosa che doveva prendere dalla macchina. Quando tornò si sedette a fianco dei sui amici Nicola ed Elvira. Loro stavano parlando di lei.

–Beh sì... – diceva Nicola. –Laura lavora troppo. **Dovrebbe spegnere il cellulare** il fine settimana.

–Sono d'accordo! – disse Elvira. –Non fa bene lavorare tanto. Il **corpo** e la **mente** hanno bisogno di riposare.

Laura si alzò per aiutare con il barbecue, che già faceva **fumo**. Però successe qualcosa di strano. Nicola ed Elvira non la guardavano.

«Perché non mi guardano?» pensò Laura.

Laura **fece dei gesti** però nessuno sembrò notarli. Come se non si rendessero conto che lei fosse lì. Continuarono a parlare di lei come se lei non ci fosse. Non potevano vederla dunque!

«Che cosa strana! Non possono vedermi! Non sarò mica invisibile? Wow! Sì, sono invisibile! Ahahah! Però com'è possibile?».

Allora si ricordò dell'oggetto strano che aveva visto tra gli alberi. Pensò alla luce che **emanava** quell'oggetto e a come si era spento quando lei l'aveva toccato.

«Forse è **per via di** quell'oggetto? Allora adesso sono invisibile? **Devo approfittarne. È fantastico**! Posso ascoltare di che parlano Nicola ed Elvira!».

La conversazione tra i due continuò... Nicola stava togliendo il mangiare dal barbecue e lo stava mettendo nei **piatti**. Elvira lo aiutava e sistemava le **bibite** sul tavolo.

−Beh, sì, Nicola, − disse lei. −Laura lavora tanto, però è normale! **Ha studiato per molti anni e duramente. Si merita** di avere soddisfazioni a lavoro e di avere un buon stipendio.

−Non la pagano a sufficienza! − disse lui.

−È vero, però sicuramente riuscirà a **guadagnare** di più in futuro. Lei è molto **preparata**.

−Questo è vero. Sono **orgoglioso** di essere suo amico però dobbiamo fare in modo che stacchi di più i fine settimana. Guarda adesso per esempio: stiamo facendo una grigliata però lei continua a parlare di lavoro con il suo capo.

−Il suo capo è molto severo. Si aspetta sempre che lei lavori molto.

−Lei lavora già molto e molto bene! Il suo capo dovrebbe saperlo che è la sua migliore impiegata.

Laura si rese conto di quanto i suoi amici la rispettassero. Non le piaceva **ascoltare di nascosto** quello che dicevano di lei, però **non poteva farne a meno**. Dicevano solo cose carine su di lei e quindi **sorrise**.

−Però adesso dov'è? − disse Nicola.

−Non lo so, è già da un po' che è andata via a parlare al cellulare.

−Andiamo a cercarla.

Spensero il fuoco del barbecue e andarono dov'erano gli alberi. Lì videro lo strano oggetto.

–Guarda Elvira, che è questo?

–Non lo so. Buttalo. Non abbiamo bisogno di altre cose **inutili**.

E l'oggetto strano tornò a posarsi tra gli alberi.

Quando Nicola ed Elvira tornarono al tavolo, la macchina di Laura era sparita. Laura l'aveva presa ed era tornata a Roma. **Parcheggiò** vicino Via del Corso e andò in direzione di Piazza di Spagna. Nessuno la vedeva.

«Nessuno mi vede! È incredibile!».

E subito le **vennero in mente** tante cose che avrebbe potuto fare con i suoi nuovi poteri di invisibilità.

Annesso al capitolo 1

Riassunto

Laura è una donna di mezza età e lavora come amministratrice a Roma. Lavora molto e i fine settimana esce con i suoi migliori amici, in particolare con Elvira e Nicola. Un fine settimana vanno insieme a fare un barbecue fuori Roma. Laura si allontana per fare una chiamata di lavoro, e tocca uno strano oggetto tra gli alberi. Quell'oggetto fa diventare Laura invisibile. Dopo aver ascoltato quello che i suoi amici dicono di lei, prende la macchina e torna a Roma.

Vocabolario

- **l'amministratrice** = administrative assistant
- **l'ufficio** = office
- **molto tardi** = very late
- **lo stipendio** = salary
- **trascorrere il pomeriggio** = to spend the afternoon
- **si rendeva conto** = she would realise
- **la periferia** = the outskirts
- **come un altro** = like any other
- **guidò** = she drove
- **d'infanzia** = from childhood
- **le borse** = the bags
- **cucinare** = to cook
- **accendere il carbone** = light up the embers
- **il fuoco** = fire
- **dover fare una chiamata** = (she) has to make a call

- **il cellulare** = mobile phone
- **di lavoro** = due to work
- **dovresti riposarsi di più** = you should rest more
- **si allontanò** = she distanced herself
- **il capo** = boss
- **per la settimana seguente** = for the next week
- **in mezzo** = in the middle
- **una strana luce** = a strange light
- **terminò la chiamata** = hang up the call
- **proveniva** = it came from
- **si spense** = it turned off
- **dov'era** = where it was
- **dovrebbe spegnere il cellulare** = she should turn off the mobile phone
- **il corpo** = body
- **la mente** = mind
- **il fumo** = smoke
- **fece dei gesti** = she made a few signs
- **emanava** = it radiated
- **devo approfittarmene** = I have to take advantage of this
- **È fantastico!** = It's awesome!
- **i piatti** = plates
- **le bibite** = drinks
- **ha studiato per molti anni e duramente** = she studied hard for many years
- **si merita** = she deserves
- **guadagnare** = to earn
- **preparata** = knowledgeable, experienced
- **orgoglioso** – proud
- **ascoltare di nascosto** = to listen behind their backs

- **non poteva farne a meno** = she couldn't resist it, she couldn't avoid it
- **sorrise** = she smiled
- **inutili** = useless, junks
- **parcheggiò** = she parked
- **vennero in mente** = came to her mind

Domande a risposta multipla
Seleziona una sola risposta per ogni domanda

1. Laura lavorava come:
   a. Amministratrice
   b. Direttrice
   c. Economa
   d. Non lavorava
2. Lei era:
   a. Una donna giovane
   b. Una donna di mezza età
   c. Una donna anziana
   d. Non si sa
3. I suoi due migliori amici si chiamavano:
   a. Nicola e Vanessa
   b. Alfredo e Vanessa
   c. Nicola ed Elvira
   d. Nicola e Alfredo
4. I suoi amici pensavano:
   a. Che doveva cercare un altro lavoro
   b. Che lavorava poco
   c. Che lavorava molto
   d. Nessuna delle precedenti
5. I poteri dello strano oggetto erano:
   a. Forza
   b. Capacità di volare
   c. Invisibilità
   d. Nessuna delle precedenti

Soluzioni capitolo 1

1. a
2. b
3. c
4. c
5. c

Capitolo 2 – La bugia

Laura camminò per Piazza di Spagna. Piazza di Spagna non è lontana da Villa Borghese. Spesso si trovano **bancarelle** dove **comprare** oggetti vari. Quel giorno c'erano bancarelle che vendevano **di tutto**.

Laura si avvicinò a una bancarella. La gente non la vedeva, però poteva **toccarla**. **Doveva fare attenzione**. Provò diversi **vestiti** e gioielli, però non li rubò. Le piaceva essere invisibile, però non voleva **rubare** niente.

Pensò che i suoi amici fossero **preoccupati**, però lei voleva vivere quest'avventura ancora per un po'. Le piaceva essere invisibile e voleva visitare altri posti e vedere altre cose. **Le venne un'idea**: andare all'ufficio dove lavorava. **Ricordò** che il suo capo doveva lavorare quel sabato perché c'era tanto da fare.

Le **videocamere** non potevano **riprenderla**. Entrò dalla porta nel momento in cui un altro **impiegato** stava entrando e salì al **piano** dove si trovava il suo capo. L'edificio aveva molti piani. Il suo ufficio si trovava al sesto piano e lì c'era anche il suo capo.

Il capo parlava con i vari **direttori** dell'azienda.
–I nostri impiegati lavorano molto bene. L'azienda ha dei **profitti**, però non quanto ci aspettavamo. Dobbiamo **ampliare il mercato** per ricavare profitti maggiori.

«L'**azienda** va bene e io guadagno così poco! Che ingiustizia!» pensò lei.

−C'è un'impiegata di nome Laura. Lavora qui **da cinque anni**. Lavora molto bene. Fa sempre **straordinari** e **non ha mai chiesto** un aumento di stipendio. **Mi dispiace** non poterla pagare di più, però i soldi che abbiamo ricavato dobbiamo investirli per riparare l'**edificio**.

«Wow! Il mio capo **riconosce** che sono una brava impiegata! Credo di aver parlato **troppo presto**. Adesso so che vorrebbe pagarmi di più perché sa che merito uno stipendio migliore...».

Laura era curiosa e andò nell'ufficio di Antonio. Antonio era un altro direttore dell'impresa e voleva sapere che tipo di file aveva nel suo ufficio.

«Non voglio rubare né **spiare**, però ho sempre voluto sapere che cosa fa Antonio».

Lui lavorava anche per un'altra azienda. Era direttore di due imprese, però quelle due aziende avevano **pochi profitti** e doveva lavorare per tutte e due. Laura ascoltò Antonio da lontano e mentre lui parlava, lei guardava i file:

−Antonio, dimmi. Ti avevo parlato di quell'idea per un nuovo progetto. Quell'idea può farci guadagnare molti soldi. È **fattibile**?
−No, mi dispiace! – rispose lui. −Quel progetto non si può realizzare. Costa troppi soldi ed è molto complicato. **Non dovremmo** rischiare.

Mentre ascoltava tutto questo, Laura trovò il progetto di cui parlavano nei file di Antonio. Lui aveva fatto i calcoli di quel progetto, questo era certo. Però Antonio mentiva... Il progetto in questione era molto conveniente.

«Perché Antonio non vuole realizzare il progetto? É un progetto ottimo! Perché **mente**? Non capisco».

Allora Laura si rese conto di una cosa. L'altra impresa di Antonio, dov'era il direttore, **avrebbe avuto delle perdite** se si fosse realizzato quel progetto. L'altra azienda di Antonio non voleva che l'impresa di Laura realizzasse il progetto.

«Che egoista! Se non realizziamo questo progetto e aumentiamo i guadagni io **potrei perdere il mio lavoro!**».

Laura **aspettò che tutti se ne fossero andati**. Quando era già notte, tutti uscirono dall'ufficio, compreso il suo capo. Prese il progetto di Antonio, entrò nell'ufficio del suo capo e posò la carpetta del progetto sopra la sua scrivania.

Siccome era notte, Laura decise di andare a casa sua. Quando entrò in casa **non fece alcun rumore**. Entrò piano piano e lì trovò suo marito.

Ultimamente discutevano molto. **Non erano più felici come una volta**. Quando lei entrò vide che suo marito **stava piangendo**.

«Che gli succede?» si chiese Laura.

–É sicuro, agente? – chiese suo marito Andrea al telefono.

Andrea parlava con la polizia. Lei era sparita da molte ore e Andrea era molto preoccupato. A casa c'era anche la sorella di Andrea.

Andrea posò il telefono a pianse ancora di più.

Laura si rese conto anche di altro... Andrea **la amava molto** e stava **soffrendo**. Voleva sistemare le cose. Adesso Laura **voleva mettere a posto la sua relazione**. Finalmente si preoccupò di come poter ritornare visibile...

Laura non voleva spaventare nessuno. Non voleva neppure raccontare a nessuno quello che le era successo, né quello che aveva fatto in ufficio, però voleva **smettere di essere invisibile**. Non era più così divertente...

«Ma certo! L'oggetto!» pensò.

Laura doveva toccare quell'oggetto un'altra volta. Doveva recuperare la macchina e tornare laggiù. Però doveva fare attenzione a guidare la macchina. La gente non doveva vedere una macchina senza nessuno dentro.

Prese la macchina e guidò per le strade di Roma. Era notte inoltrata e quasi non c'erano altre macchine in giro. Cercava di attraversare le zone con meno gente.

Arrivò dove aveva lasciato i suoi amici. I suoi amici erano ancora lì, però c'era anche molta altra gente con loro... **Decine** di persone. **Che stava succedendo?**

Annesso al capitolo 2

Riassunto

Laura passeggia per Piazza di Spagna e prova alcuni oggetti in vendita nelle bancarelle. Dopo decide di andare al suo ufficio. Il suo capo è lì e parla con gli altri direttori. Parla bene di Laura e dice che gli sarebbe piaciuto poterla pagare di più. L'azienda ha anche un altro direttore, Antonio. Laura scopre che Antonio mente circa un progetto. Il progetto potrebbe fruttare molto all'azienda. Laura decide di portare il progetto in questione nell'ufficio del suo capo, perché lui lo veda. Dopo va a casa sua e trova suo marito Andrea che piange: era molto preoccupato. Decide infine di tornare al posto del barbecue per toccare di nuovo l'oggetto misterioso e non essere più invisibile.

Vocabolario

- **le bancarelle** = stands
- **comprare** = to buy
- **di tutto** = of all kinds, everything
- **toccarla** = to touch (her)
- **doveva fare attenzione** = (she) had to be careful
- **i vestiti** = clothing
- **rubare** = to steal
- **preoccupati** = worried
- **le venne un'idea** = she had an idea
- **ricordò** = she remembered
- **doveva lavorare** = had to work
- **le viodecamere** = cameras, CCTVs
- **riprenderla** = to record (her)

231

- **l'impiegato** = office worker, clerk, employer
- **il piano** = floor
- **i direttori** = executives, managers, directors
- **i profitti** = gains, profits
- **ampliare il mercato** = expand the business
- **l'azienda** = company
- **da cinque anni** = for 5 years
- **gli straordinari** = overtime
- **non ha mai chiesto** = (she) has never asked
- **mi dispiace** = I'm sorry
- **l'edificio** = building
- **riconosce** = he recognises, he acknowledges
- **troppo presto** = prematurely
- **spiare** = to spy
- **pochi profitti** = little profits
- **fattibile** = viable, doable
- **non dovremmo** = we shouldn't
- **mente** = he lies
- **avrebbe avuto delle perdite** = it would have experienced some losses
- **potrei perdere il mio lavoro** = I could lose my job
- **diventavano invisibili** = they became invisible
- **tutti se ne fossero andati** = waited until they were gone
- **non fece alcun rumore** = she didn't make any noise
- **non erano più felici come una volta** = they weren't as happy as before
- **stava piangendo** = he was crying
- **la amava molto** = he loved her very much
- **soffrendo** = suffering
- **voleva mettere a posto la sua relazione** = she wanted to fix the relationship

- **smettere di essere invisibile** = to stop being invisible
- **decine** = dozens
- **Che stava succedendo?** = What was happening?

Domande a risposta multipla
Seleziona una sola risposta per ogni domanda

6. Laura passeggiava:
    a. A Piazza di Spagna
    b. Per le periferie di Roma
    c. In un negozio di Roma
    d. Fuori Roma
7. Per prima cosa Laura decise di andare:
    a. A casa sua
    b. In ufficio
    c. Nelle periferie
    d. A fare un giro a Roma
8. Antonio era uno dei direttori dell'azienda e:
    a. Voleva andarsene dall'azienda
    b. Voleva licenziare Laura
    c. Mentiva circa un progetto
    d. Nessuna delle precedenti
9. Laura lasciò sulla scrivania del suo capo:
    a. Dei soldi
    b. Una lettera
    c. Il progetto
    d. Non lasciò nulla
10. Laura pensò che per smettere di essere invisibile doveva:
    a. Toccare di nuovo l'oggetto
    b. Rompere l'oggetto
    c. Portare l'oggetto lontano da lì
    d. Non voleva smettere di essere invisibile

6. a
7. d
8. c
9. c
10. a

Capitolo 3 – L'oggetto

Laura tornò al piccolo parco dove molte ore prima avevano iniziato a fare il barbecue con i suoi amici. C'era molta gente... Molta più gente **di quella che lei sperava** di trovare. Che stavano facendo tutti lì? Perché c'erano così tante persone?

Elvira e Nicola erano in mezzo alla **folla**, però parlavano tra di loro. Erano seduti allo stesso tavolo dove li aveva lasciati. C'era ancora del cibo crudo sul tavolo e le bibite che Elvira aveva portato.

Tutte quelle persone erano lì per cercare lei. Erano amici, familiari, persino la polizia e gente sconosciuta che si era offerta di aiutare nelle ricerche.

–Elvira, non so davvero dove potrebbe essere! – disse Nicola preoccupato.
–**Non ti preoccupare!** – rispose lei. –**Vedrai che da un momento all'altro ricompare**.
–Però è tutto così strano!
–Sì, Nicola, è molto strano... Va a fare una chiamata col cellulare e all'improvviso sparisce!
–È molto strano, davvero!

Laura ascoltava la conversazione da vicino. Voleva andare a toccare quell'oggetto un'altra volta. Adesso voleva smettere di essere invisibile. Di sicuro dopo aver toccato l'oggetto sarebbe ritornata visibile.

–Ascolta, Elvira... – Nicola continuò a parlare con lei.
–Dimmi.

–Ti ricordi dell'oggetto che abbiamo trovato?

–Sì, mi ricordo. Era solo un rifiuto.

–**E se fosse qualcosa di più**?

Laura non voleva che i suoi amici sospettassero di nulla. Era una storia **da pazzi**. Voleva **tornare alla normalità** il prima possibile. Voleva tornare a sistemare le cose con suo marito Andrea. Voleva tornare a lavoro **per vedere che cosa sarebbe successo** con il progetto.

–Dobbiamo ritrovare quell'oggetto!

–Laura è sparita proprio in quel posto! – disse finalmente Elvira.

–Andiamo a vedere!

Laura **corse** dove si trovava l'oggetto, **prima che** Elvira e Nicola arrivassero. Entrò nel piccolo **bosco** tra gli alberi e si mise a cercare. Non lo trovava!

«Dov'è? Dov'è? Deve essere da queste parti!».

Laura continuava ad essere invisibile. Nicola ed Elvira non potevano vederla, però **si stavano avvicinando**. Sentiva i loro **passi**.

«Devo trovarlo! Deve essere qui vicino!».

Nicola ed Elvira continuavano a parlare tra di loro. Passarono a lato di Laura.

–Deve essere qui vicino, Elvira. Mi ricordo!

–Tu guarda tra quegli **arbusti**.

–Vado!

237

E sì, Nicola trovò l'oggetto in mezzo a quegli arbusti. Non c'era luce però Laura poté vederlo. Era l'oggetto che lei aveva toccato. Doveva **trovare il modo di** toccarlo di nuovo. Doveva tornare ad essere visibile, però non voleva dover raccontare nulla di quello che era successo.

–Che cos'è? – gli chiese Elvira.
–Non lo so. È **rotondo** e metallico però non so **a cosa serve**.
–**Avrà a che vedere** con la sparizione di Laura?
–Non saprei dire come potrebbe... Dubito che abbia niente a che fare con questa storia.
–**Lo rimetto dov'era**...

Laura si tranquillizzò. L'oggetto era di nuovo tra gli arbusti. Adesso Nicola ed Elvira dovevano andarsene. Voleva toccare l'oggetto. Chissà se quella sarebbe stata la soluzione? Non lo sapeva, però voleva provarci.

Nicola ed Elvira se ne andarono e si misero a cercare Laura tra gli alberi. Anche le altre persone cercavano Laura tra gli alberi, nelle **vie** laterali e nei **quartieri** confinanti al parco.

Quando tutta la gente si allontanò da lei, si avvicinò agli arbusti. Prese l'oggetto in mano e lo toccò.
Una luce **si accese** dentro l'oggetto misterioso. Laura sentì un gran **formicolio** nel corpo. L'oggetto era di nuovo acceso. Lo conservò nella giacca. Ovviamente nessuno la vide perché lei era **nascosta** tra gli alberi.

Poi uscì dal bosco. **Avrà funzionato**?

238

−Laura! – urlarono tutti quanti.
−Laura! Sei qui! Dov'eri? – chiesero Nicola ed Elvira.
−Ero... ero...

Laura non sapeva **se raccontare la verità**. Prima non voleva raccontare la verità, però adesso non ne era più così sicura... Aveva l'oggetto... Adesso aveva le **prove**!

−Devo raccontarvi una storia seria e incredibile **al tempo stesso**.

−Laura! – chiamò una **voce** tra la gente.

All'inizio Laura non poté vedere chi fosse, però aveva riconosciuto la **voce** di Andrea.

Andrea si avvicinò a Laura e **la abbracciò** forte. **La baciò sulle labbra** e le disse:

−Dov'eri? Eravamo molto preoccupati!
−Ero in... in... io...

Un'altra voce la chiamò dalla folla.

−Signorina Ferrari! È ricomparsa finalmente!

Quella era la voce del suo capo. Anche il suo capo era lì! Si era preoccupato per lei! In quel momento si ricordò del progetto che aveva lasciato nel suo ufficio. Chissà cosa sarebbe successo!

Adesso erano tutti riniti e Laura cominciò a parlare.

–Eravate tutti molto preoccupati per me, mi dispiace, però mi è successa una cosa incredibile! **Aspettate un momento.**

Laura si tolse la giacca e la lasciò cadere per terra.
Andrea, suo marito, le chiese:
–Che fai, tesoro?
–**Vi farò vedere una cosa.**
Tirò fuori dalla giacca un piccolo oggetto.

–Quello è l'oggetto misterioso! – dissero Nicola ed Elvira nello stesso momento.
–Sì, questo strano oggetto è il **motivo** per cui sono sparita.

Nessuno capiva quello che stava dicendo.

Laura era sul punto di raccontare la sua storia incredibile, però si rese conto che la luce dell'oggetto era spenta. Toccò l'oggetto più volte e la gente continuava a guardarla senza capire. **Non funzionava più.**

–Mi sono resa conto di molte cose quando sono sparita.

Guardò il suo capo, Andrea e i suoi amici...

–Però la storia della mia scomparsa è una storia per un altro giorno. Adesso **voglio andare a casa.**

Andrea la abbracciò di nuovo e tornarono a casa insieme. Quando arrivarono a casa Laura si addormentò.

Al risveglio il giorno dopo, lei sorrise a suo marito e anche lui le sorrise.

—**Andrà tutto bene**! – lui le disse.

Annesso al capitolo 3

Riassunto

Laura torna nel luogo del barbecue e trova moltissima gente. Sono tutti lì per cercarla. Ascolta Nicola ed Elvira parlare: sono molto preoccupati. I due cercano l'oggetto misterioso perché pensano che possa essere collegato con la scomparsa di Laura. Però alla fine decidono che non è possibile e lasciano l'oggetto dov'era. Quando i due si allontanano, Laura prende l'oggetto in mano. Lo tocca e torna ad essere visibile. Tutti le chiedono che fine avesse fatto. Lei decide di raccontare la verità ma l'oggetto non funziona più e quindi alla fine rinuncia perché nessuno le crederebbe. Alla fine dice solo di voler andare a casa.

Vocabolario

- **di quella che sperava** = that she had hoped to find
- **la folla** = crowd
- **tra di loro** = to each other
- **non ti preoccupare** = don't worry
- **da un momento all'altro** = anytime
- **E se fosse qualcosa di più**? = And if it's something more than that?
- **da pazzi** = mad, crazy
- **tornare alla normalità** = to go back to normality
- **per vedere cosa sarebbe successo** = to see what would happen
- **corse** = she ran
- **prima che** = before that
- **il bosco** = forest

- **si stavano avvicinando** = they were getting closer
- **i passi** = steps
- **gli arbusti** = bushes
- **trovare il modo di** = to find a way to
- **rotondo** = round
- **a cosa serve** = what this is for
- **avrà a che vedere (con)** = has to be with
- **lo rimetto dov'era** = I'll leave it where it was
- **le vie** = streets
- **i quartieri** = neighbourhood
- **nascosta** = hidden
- **si accese** = it lit up
- **formicolio** = tickle
- **Avrà funzionato?** = Did it work?
- **se raccontare la verità** = if tell the truth
- **le prove** = proof
- **al tempo stesso** = at the same time
- **la voce** = voice
- **la baciò sulle labbra** = he kissed her on the lips
- **aspettate un momento** = wait a second
- **vi farò vedere una cosa** = I'm going to show you something
- **il motivo** = the reason
- **non funzionava più** = it no longer worked
- **voglio andare a casa** = I want to go home
- **andrà tutto bene!** = everything is going to be fine!

Domande a risposta multipla
Seleziona una sola risposta per ogni domanda

11. Sul posto del barbecue ascolta parlare:
    a. Il suo capo e suo marito
    b. Il suo capo e Nicola
    c. Suo marito ed Elvira
    d. Nicola ed Elvira
12. I suoi amici vogliono:
    a. Tornare a casa
    b. Trovare lo strano oggetto
    c. Chiamare la polizia
    d. Chiamare Andrea
13. Laura, all'inizio, vuole:
    a. Raccontare la storia solo a Nicola
    b. Raccontare la storia
    c. Rimanere invisibile
    d. Nessuna delle precedenti
14. Laura tocca di nuovo l'oggetto e:
    a. Torna ad essere visibile
    b. Rimane invisibile
    c. Non lo sa finché non la chiamano quando esce dagli alberi
    d. Non succede nulla
15. Alla fine:
    a. Laura racconta la sua storia
    b. L'oggetto funziona e Laura racconta la sua storia
    c. L'oggetto non funziona e Laura non racconta la sua storia
    d. L'oggetto funziona e lo regala ad Elvira e Nicola

Soluzioni capitolo 3

11. d
12. b
13. a
14. c
15. c

FINE

This title is also available as an audiobook.

For more information, please visit the Amazon store.

Thank You For Reading!

I hope you have enjoyed these stories and that your Italian has improved as a result! A lot of hard work went into creating this book, and if you would like to support me, the best way to do so would be with an honest review on the Amazon store. This helps other people find the book and lets them know what to expect.

To do this:

1. Visit http://www.amazon.com
2. Click "Your Account" in the menu bar
3. Click "Your Orders" from the drop-down menu
4. Select this book from the list and leave an honest review!

Thank you for your support,

- Olly Richards

More from Olly

If you have enjoyed this book, you will love all the other free language learning content that I publish each week on my blog and podcast: *I Will Teach You A Language.*

The *I Will Teach You A Language* blog

Study hacks and mind tools for independent language learners.

http://iwillteachyoualanguage.com

The *I Will Teach You A Language* podcast

I answer your language learning questions twice a week on the podcast.

http://iwillteachyoualanguage.com/itunes

Here is where I hang out on social media. Why not say hello?

Facebook:
http://facebook.com/iwillteachyoualanguage

Twitter:
http://twitter.com/olly_iwtyal

9549726R00144

Printed in Germany
by Amazon Distribution
GmbH, Leipzig